亦麒麟高端产业人才系列丛书
E-TOWN TALENTS HIGH-END INDUSTRY TALENT SERIES

北京·亦庄
BEIJINGETOWN

因你而亦 ④

姜帆　修小思　麦莲 \ 著

BEIJING YIZHUANG IS DIFFERENT BECAUSE OF YOU

E-TOWN TALENTS

经济日报出版社

图书在版编目（CIP）数据

因你而亦．④／姜帆，修小思，麦莲著．— 北京：
经济日报出版社，2019.1
ISBN 978－7－5196－0446－2

Ⅰ．①因… Ⅱ．①姜… ②修… ③麦… Ⅲ．①企业家
－生平事迹－北京－现代 Ⅳ．①K825.38

中国版本图书馆 CIP 数据核字（2018）第 292509 号

因你而亦．④

作　　者	姜　帆　修小思　麦　莲
责任编辑	林　珏
责任校对	周　璠
出版发行	经济日报出版社
地　　址	北京市西城区白纸坊东街 2 号 A 座综合楼 710（邮政编码：100054）
电　　话	010－63567684（总编室）
	010－63584556　63567691（财经编辑部）
	010－63567687（企业与企业家史编辑部）
	010－63567683（经济与管理学术编辑部）
	010－63538621　63567692（发行部）
网　　址	www.edpbook.com.cn
E－mail	edpbook@126.com
经　　销	全国新华书店
印　　刷	北京文昌阁彩色印刷有限责任公司
开　　本	710×1000 毫米　1/16
印　　张	15.75
字　　数	200 千字
版　　次	2020 年 5 月第一版
印　　次	2020 年 5 月第一次印刷
书　　号	ISBN 978－7－5196－0446－2
定　　价	58.00 元

序

麒麟人才，绽放精彩

我为北京经济技术开发区高端产业领军人才班上过课，开发区的产业领军企业家们给我留下了深刻的印象。今次收到开发区发来的“亦麒麟高端产业人才”系列丛书《因你而亦》书稿，开卷有感，跃然笔端，欣然为之作序。

自1984年成立首批开发区以来，开发区已成为推动我国工业化、城镇化快速发展和对外开放的重要平台。北京经济技术开发区在全国开发区当中，无疑具有标杆意义，尤其形成了一批有特色的产业集群，这些产业集群背后集聚着各式各样的产业领军人才和创新创业人才，他们是推动产业浪潮的弄潮儿，是时代的主角。

产业发展关系到国民经济发展的活力，关系到我国世界级城市群的建设，关系到我国的现代化进程发展。创新是引领发展的第一动力。坚持创新驱动，打造富有活力的增长模式，是经济新常态时期发展的必然选择。坚持协同联动，打造开放共赢的合作模式，建设全球影响力的科技创新高地，最大程度激发创新主体、产业领军人才与创新创业人才的动力、活力和能力，建设全球创新网络的重要枢纽，以及国际性重大科学发展、原创技术发明和高新科技产业培育的重要策源地，是我们发展的重要路径，这方面开发区要扮演着排头兵的作用。与国际高科技产业巨头相比，我们在开放共赢与开放式创新领域的实践才刚刚开始，还有很大的差距，需要加强。事实上，大公司的开放式创新不仅是当前我国科技创新生态环境的最大短板，更是“大众创业、万众创新”在资本以及创新层面实现闭环的最关键因素。在这方面，李克强总理已经做过多次阐述。

北京经济技术开发区已形成若干产业集群基础，拥有一批产业领军人才与创新创业人才，在推动互联互通的产业联盟与人才发展方面发挥着重要的作用；在全国开发区改革与创新发展，产业转型升级之际，我相信北京经济技术开发区会继续发挥标杆作用。

“亦麒麟高端产业人才”系列丛书出版得很及时，在让亦庄人才青史留名的同时，实现亦庄人才包括亦庄制造、亦庄创造、亦庄精神、亦庄文化和亦庄品牌的长久记载和保存，为后世留下一份精美的文字记录和宝贵的精神财富。“亦麒麟”领军人物，讲述他们的故事，展示他们的风采，传播他们的经验，展现他们的智慧，呈现他们的成功之道，体现了亦庄产业蓬勃发展背后的人才密码。

我看了书中列举的开发区中的产业领军人才和创新人才的动人事迹和故事，被他们拼搏的精神所感动和折服。在“大众创业、万众创新”的年代，我们需要更多的创业者、企业家，更需要企业家精神。这些被采访的人都是成功的企业家，当然有些企业家也有一些挫折。从这些企业家身上我们会得到很多的启示，从他们的管理理念和成功的经验中，我们会悟出企业家成功的真谛。

从世界范围来看，企业现代化、国际化是一个潮流。新兴的产业、新兴的行业代表世界发展的潮流，这是这些企业成功的重要因素之一。除此之外，企业家在这里起着非常重要的作用。支撑企业家走向成功的根本真谛，是企业家精神。什么是企业家精神?

第一，这些企业家具有很高的素质。我不认为所有的人都能成为企业家，企业家的某些素质可能是天生的，但更重要的是这些素质和很多优势是在后天实践中锻炼出来的。这些成功企业家一个共同的特点是，他们高瞻远瞩，适应潮流，善于抓住机会，能够制订正确的企业发展战略。如果一个企业家不知道世界发展的潮流，不知道企业、行业发展的潮流，这个企业家是不可能获得成功的。

第二，这些企业家都懂得市场。他们善于思考市场的变化，从市场的瞬息万变中善于抓住投资机会，善于捕捉市场变化规律，使自己的产品实现“惊险的跳跃”，立于不败之地。

第三，作为企业家必须有冒险精神，必须敢想敢干。因为企业本身是有风险的，尤其是新兴的行业，风险很大。不仅是技术风险，而且市场竞争也非常激烈。企业家面对机会时，敢不敢去冒险，是企业和企业家成功的关键因素之一。世界上成功的企业家往往和具有冒险精神与果断决策能力相联系的。这些企业家具有坚持、冒险、创新精神，他们百折不回，诚信天下。就像书中有的企业家说的，“人生总是很坎坷的，很少有人能够预料自己将会遇到的事情。但唯有一点是非常重要的，那就是，人的一生对事业的追求应该是无止境的，有挑战才有动力，否则就是简单的重复，有什么意思呢？有什么可满足的呢”？还有的企业家说，“为什么要创业？这的确是个问题。因为创业不只意味着成功，更有可能意味着失败。其中有很多体验，根本就不在人们感官的舒适区里。但今天的中国，依然有许多拥有安稳生活的人，舍弃了这个或者那个，去创业，做想做的事情，然后在大潮大浪中摸爬滚打。”

第四，能否形成一个非常好的企业文化，对企业的发展也是至关重要的。企业家本身的道德、思想、思维、管理理念甚至所遵循的道德规范，对企业的影响非常大，是形成企业文化重要的因素。企业家要德高怀远，诚信天下，企业才能长治久安，稳定发展。要形成一个好的团队。有的企业家说得好，一个企业能否做好，归根结底，还要看团队的执行力。“团队就是壁垒”，也就是“找到一群愿意在某个方向上一起走到目标的人”。很多企业做不起来，是因为团队没有包容力。遇到困难，有人会逃走；遇到成绩，又会互相争夺，不想再招人来摘果子。领头羊不想冒险，不想冲锋陷阵的话，企业基本就是原地踏步了。

总之，在现代经济发展变化非常快的情况下，企业家的素质对企业的成功发展是非常重要的。那么，企业家有没有成功的秘诀呢？可以说有秘诀也没有秘诀，就看我们如何培养企业家的素质。这本书对中国企业家的成长也是有很大的启示的。

中国需要改革，尤其是需要进行企业改革，要给企业家创造一些环境和条件，只有这样，才能出现真正的企业家，才能出现成功的企业家。从目前来看，中国很多企业家出现在民营企业，高新技术企业，就是因为这些企业市场化程度高，机制比较灵活。现在我国有一些优秀的企业家，如马云、任正非、张瑞敏、柳传志等，但是像这样的优秀的企业家还是不够多。中国需要千千万万适应市场经济和现代化需求的优秀企业家，这样，中国经济和企业才能兴旺发达。

我认为，高新技术开发区与企业和企业家结合是一个好办法。北京经济技术开发区作为企业发展和企业家成长的孵化器，为吸引更多批企业进入，给政策，给条件，让企业和产业有更大发展空间，让企业家有施展才能的机会，也让他们在创业实践中，在园区培养中得到提高。“天高任鸟飞，海阔凭鱼跃”。

本书契合中国“大众创业、万众创新”的环境，讲述企业家、创业者创业路上发生的故事，介绍创业者不畏艰难，勇往直前的经验，会满足更多读者的需求。我相信该书会成为中国开发区企业孵化、人才培养、创业训练、产业经营、员工进阶实用的枕边书。

北京大学光华管理学院教授

曹凤岐

2017年2月9日

目 录

高振宇：
用爱国心驱动未来

企业家小传

高振宇，东方博盾（北京）科技有限公司董事长、首席科学家，计算机科学与互联网领域里的创新者、第三代Web服务器的领军人。曾在中国科学院工作。1987年获中国科学院科技进步奖一等奖、二等奖各一次。1995年获得日本早稻田大学工学博士学位。

INTEROP
Left-Right Brain AI
人工智能Artificial Intelligence
模拟人的大脑 Human Brain 和思维
计算机仿生安全
Computer Bionic Security
WINNER
BEST OF INTEROP
NETWORLD INTEROP
2005

在互联网飞速发展的今天，物种的多样性和个体的复杂性越来越贴近自然界环境，任何一个个体在“网络生态圈”都面着生存还是毁灭的严酷问题。大型动物就一定有着顽强的生命力吗？非也。中生代的恐龙在6500万年前白垩纪结束的时候因为环境和温度变迁而消亡，反而是少数有着顽强生存能力的个别物种得以生存下来，这在于他们拥着顽强的自身适应能力和免疫力。再者，人类和动物何以长期生存在严酷的自然世界里？强大的环境适应能力和免疫修复能力值得生存在互联网世界里的我们深思。

在互联网世界里同样存在着大量已知和未知的病毒攻击和疯狂入侵，为什么计算机不可以在互联网世界里如同生物一样有着神奇的免疫和自我修护能力呢？这个具有超前意识的计算机进化问题，被毅然自主创业的高振宇博士提出。身为东方博盾科技有限公司董事长，高振宇率先在国内掀起了网络安全、行业全新革命的课题，但如何广泛应用，却成这了他创业十年来遇到的最大难题。

归来

早在十八大前，国家领导人就提出了网络强国战略，并意识到了，没有网络安全就没有国家安全，没有信息化就没有现代化，建设网络强国要有自己的技术、过硬的本领。高振宇对此感触颇深：在以往的网络启蒙时代，安全是放在信息化后面的，现在时代发生了变化，国家也把网络安全放在了首位。中国人要有领先世界的技术，才能称之为网络强国，否则只能称之为网络大国。很多人认为国内的网络环境因为监管的力度大，所以非常安全，其实这样的认识有偏差。网络环境没什么绝对安全，在高振宇看来，网络平台只有超越现有的网络攻击技术才称之为相对安全。

跨时代的超前认知源于高振宇的特殊经历。高振宇的职业生涯起始于中科院，是典型的学院派，较高的科研起点使得他最初就认定了自己的兴趣在于领先时代。也只有做领先世界的技术才能让高振宇产生兴趣。他在中科院期间曾经在网络安全研究方面获得了国家科技进步一等奖和二等奖。

谈到一个人的成功，家庭背景总是很重要的一部分，高振宇的父母早年是就是跟随革命家徐特立一起从西柏坡来到北京的。他从小就目睹了国家从起步到发展的艰难，因此把自己研究出来

的先进技术，提供出来让祖国发扬光大，这也是高振宇心中的夙愿。高振宇有着强烈的民族自豪感，在他的潜意识里，坚定地认为任何取得的成就和学习到的先进技术，最终都要回归应用到自己的祖国去。常有人因此笑他木讷，他却颇以自己的爱国心为傲。

理想与现实

如果只图眼前利益，高振宇的研究在国内很容易获利。但在专业技术与标榜品牌之间，高振宇选择了前者，他认为只有自己的研发成果，实现应用最大化，才真正的实现了自身价值，这样产生的市场价值和社会声誉他才获取的理所应当。他总觉得利用阶段性的科研成果，获取市场利润的感觉不踏实。为了这份踏实感，他蛰伏了十年，梦想着开发出下一代仿生计算机。

从未来趋势来看，下一代计算机技术是一种以人类左右脑为原型的计算机，目前我们应用的人工智能及网络应用都是靠单脑计算机架构来实现的，下一代计算机将是由人类的左右脑理念来开发。但这些概念是需要基础理论研究和应用研究结合才能去实现的。目前高振宇也在往这方面研究，虽然他所研究的左右脑计算机领域还只停留在概念阶段，但基础架构已经很清晰，他会一直坚持以此为主要研究方向。

既然研究下一代计算机，那么相应的信息安全技术也自然包括在了这样的基础研究里。高振宇也由此得出了计算机仿生安全理念的灵感。所谓仿生安全是指计算机系统中涵盖的高速加密解密算法和人工算法等技术。高振宇从第二代计算机安全技术引申来的第三代网络信息安全技术就是着眼于此。

目前的信息技术只能用 0、1 两个数字去处理信息，而未来的神经元网络将达到更高的信息处理能力，对人工智能的进步也将有质的突破。用通俗的事例解释就是：假如有一百个人背对着你，其中有两个人是你的父母，不必看到脸，只从身体特征，一般人就能辨认出其中谁是自己的父母。目前计算机虽然可以通过大量计算有一定分辨能力，但在人类生物识别方面，和人还有着本质的差距。而仿生学的第二代电脑的原理是，左半脑负责逻辑思维，右半脑负责识别，用这种方式把两类思维结合在一起，才能使第二代计算机达到人脑的思维能力，这也是下一代计算机的发展方向。

听起来很玄幻，但这样的人脑仿生学计算机，高振宇 20 年前在日本研究所就提出过，现在依然超前。二十年来，他的理念并非没有突破，现在基于这项理念的技术应用已经在日本完成了应用程序 Gmouce。Gmouce 是运用丰田公司的真实数据做出的智能模型，在公布后引起了日本计算机行业的轰动，这样的模型解决了当时各行业的计算应用问题，有着很高的学术价值。它证明了计算机确实可以像人脑一样进行左右脑协同工作。作为第一个左脑灵敏与右脑直觉协同运算的模型，Gmouce 获得了 1999 年日

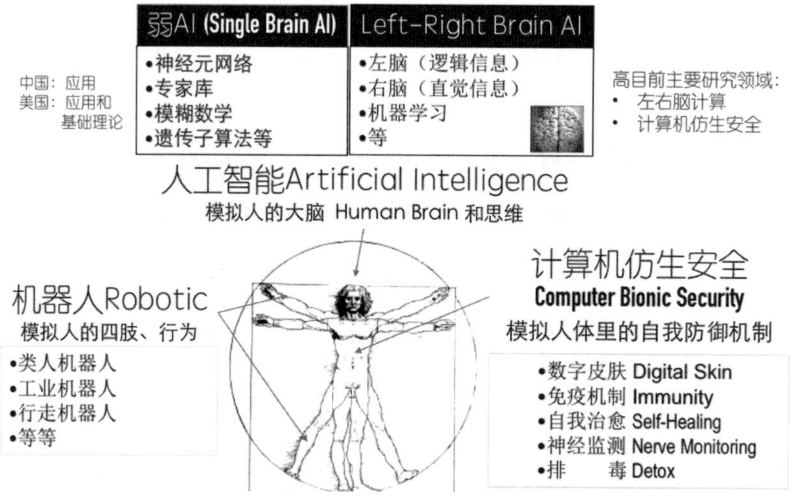

本 pm 优秀奖。这项奖励是日本第一次颁发给外国科研人员。后来高振宇这套获奖模型被应用到了丰田、本田等多家知名高科技研发制造企业，这也是世界第一个仿生学计算案例。时隔数年，高振宇又把生物防御理念第一次引申到了广泛应用的互联网 web 服务器领域。

但令高振宇失望的是，即使每次都会用通俗的语言去诠释他复杂的产品，但听得懂并相信人并不多。目前，东方博盾最受市场欢迎的只是防御系统，这款产品源自第三代 web 服务器概念。

网络环境里，到处都会涉及到安全防御问题，杀毒软件几乎是伴随着互联网计算机的出现而诞生的。特别是互联网大时代，电子证书、电子银行的应用最大的问题就是安全，因为互联网经济的兴起，阿里巴巴、京东、腾讯、百度、谷歌等大型网站无时不刻都面临着全球黑客的恶意攻击，而发起攻击的基本条件是这些网站所依赖的 webservice 环境。高振宇设计的东方博盾打破了

惯常思维模式，跳出传统平台来看安全。“目前中国互联网用户都使用的是第二代 web 技术，所有网络犯罪都是基于这项技术。因此，所有的网络攻击和犯罪都是针对于第二代web技术来研究，而高振宇的技术则针对第三代 WEB 安全技术进行技术研发，这等于重新定义了互联网环境。

与国内传统安全软件相比，高振宇的说法似乎过于标新立异，便也许理解了他的理论，才能看到安全隐患的黑洞。

未知隐患

国家在几年前提出了三网融合理念。互联网和移动网络及通讯网的结合使简单的互联网环境变得复杂而更有生命力，能够支撑这些网站运行和数据互换的就是 webservice 平台，所有网站都要通过 web 服务器接入到互联网，然后再形成访问动作。如果说互联网是高速公路的话，那么 web 服务器就可以比喻成高速公路上驰骋的车辆。高速公路固然好，但时刻也会面临各种安全隐患。如同高速公路中的非法闯入障碍物和不按规定行驶的逆行车辆，甚至是爆炸物，隐藏在各国各地的不法“黑客”，时刻危及网络安全。这些犯罪行为都发生在基于美国技术的第二代 web 平台中。但恰恰我国目前应用最广的网络技术就是第二代 WEB 技术。

二代 web 技术还存在另外一个致命问题就是数据被盗用的风险。

我们来不及妥善解决网络安全问题就迎来了大数据时代，从目前数据来看，四分之三的数据丢失来源于外部攻击导致。这些攻击都是从 web 平台窗口进入的。如今，中国国内网站数量有五百多万个，政府网站有 6 万余个，都是在第二代 web 技术基础上建立的，一旦受到攻击，后果不堪设想。

这种担忧并非杞人忧天，据统计，2017 年中国的网络经济总量达到了 24 万亿，国家明确把互联网经济作为支柱产业去发展，这其中包括了电子政务、电子商务及电子银行等领域，目前这些亟需安全防范手段的行业数据安全技术多数还局限于防火墙、websafe 检测的应用，仅能做到保护层隔绝和抵挡入侵，一旦防御被攻破就会让黑客如入无人之境，大量的数据如同羔羊被肆意宰割。

高振宇用沙滩上的大厦来形容我国的互联网安全形势。因为所有网络都建立于二代 web 技术之上，所以根基不牢固，一阵狂风而至，大厦就可能崩塌，曾经泛滥的“勒索病毒”就是发自海外攻击的鲜活例证。

“勒索病毒”造成一百多个国家的数十亿用户被黑客利用，数百万个 IP 锁死，被用来进行勒索。不幸中的万幸是这次灾难是黑客利用了美国网络计算机武器库里的 windows 漏洞，只攻击了 windows 平台的个人用户。如果是利用二代 web 服务器的漏洞进行攻击，那么所有的网站都将面临瘫痪风险，这是网络安全漏洞的典型案例。

浓重的危机感时刻在高振宇心头缠绕不去，但无论如何搭建防御系统，二代 web 技术的问题始终存在，但知道问题是一回事，解决问题又是另一回事。先后有 46 个国家成立了网络防御及攻击机构，投入了巨额的经费，网络战正悄无声息的展开。预计到 2024 年，全球因网络安全问题可能会损失一万亿美金，这时大数据时代的危机，也是大数据时代的机遇。如何解决抗未知攻击，从根源上解决 web 问题，每个人都提出了自己的思路，高振宇跳出固有思路，认为只有打破这个陈旧的平台，才能完全避免 web 技术带来的信息安全问题。

令人欣慰的是，高振宇研发的的第三代web安全防御技术目前已经开始应用了。据说，第三代web完全可以避免类似于“勒索病毒”等未知攻击。

放眼未来

第三代web安全防御技术，用最简单的话来说，就是计算机自我防御能力。

目前所有预防攻击产品数据都来自于攻击特征值，面对未知攻击便没有特征作为参考，所以如果国外网络黑客或机构发明了新型攻击武器，防御系统根本识别不到。这就是很多安全等级做到了三级的大网站，用了巨额资金去维护系统安全还会时不时出现服务器崩溃的问题所在。

但如果计算机拥有和人类一样的自我免疫系统呢？

计算机自我防御能力的研究并非高振宇一人看到的蓝海，目前美国在这方面投入了巨大人力财力，很多国家都在挑战计算机自我防御能力的技术研发，但都没有成功案例。

第三代 web 在美国拉斯维加斯 NETWORLD+INTEROP 大会一亮相，就拿到了通讯及互联网领域里最高的奖项 INTEROP 奖，这也是中国人研发的产品第一次获得此项大奖。IBM 评价第三代 web 是“抗击未知攻击的全球唯一解决方案。”

高振宇带领团队研究出的第三代 web 安全防御技术也叫做“自我免疫”。其中的理论是不管黑客用什么样的攻击手段，都能保证服务器的功能健全、服务正常，而不在于如何识别和拦截，这样就摆脱了攻击的潜在危险。这样的防御优势在于，即使攻击成功进入服务器也伤害不了系统数据的正常功能。这就颠覆了网络防御的传统思路，达到无法篡改和盗取数据的效果，同时具有仿生学的自我免疫和修复理念。

看似简单的道理，但系统的构建起来却有很大难度。因为这项技术研发只靠工程师靠已有模块搭积木不行，要有突破传统思维的勇气才能取得飞跃。目前，全球只有东方博盾一家完成了第三代 web 服务器开发，达到了应用级别。”高振宇说，经过反复测试，第三代 web 在各领域的应用都受到了好评，特别是政府和银行系统。

现在，网络安全防御市场面临着巨大的竞争，一个是已知攻击安全市场，另一个是未知攻击防御市场，已知攻击都是基于二代 web 的底端市场，但今后高端市场来自于未知攻击安全防御市场份额，传统安全产品在中国仅有一百多亿的市场，而且众多机构拼的头破血流。高振宇就是想跳开这个竞争圈子，他看到的是高端安全用户，有着 2000 多亿市场的未知攻击防御领域。根据权威机构市场评估，未知攻击领域安全市场每年都会增长 10

个点。同时国内网站数量平均 6 年就会翻一番，这样的增长速度意味着未来会有很多大型网站涌现出来，客户流量越大就越会重视数据安全。谈起技术永远滔滔不绝的高振宇，是否能成为这片蓝海中的领航者，只有时间是最后的答案。

➢企业家感言

我们来不及妥善解决网络安全问题就迎来了大数据时代，这些数据的高吸附性又引来了众多的苍蝇围绕着大数据这块蛋糕。企业起初认识到的大数据就是数据越多越好，但他们往往忽视了数据与社会责任紧密相关。现在，每周都有几百种新的安全漏洞产生，但所有自主防御拦截能力都不足 50%。目前所有预防攻击产品数据都来自于攻击特征值，面对未知攻击便没有特征作为参考，一旦国外网络黑客或机构发明了新型攻击武器，防御系统根本识别不到。如果不管黑客用什么样的攻击手段，都能保证服务器的功能健全、服务正常，而不在于如何识别和拦截，这样就摆脱了攻击的潜在危险。人类有的免疫系统，计算机都该具备，计算机在不久的将来就会彻底融入人类世界，成为我们中的一员。

景璀：

对集成电路装备充满情怀的央企管理者

企业家小传

景璀，1987 年加入中国电科第二研究所工作，2011 年作为总经理负责山西中电科新能源技术有限公司的筹建与运营。2013 年担任北京中电科电子装备有限公司董事长，全身心投身到北京中电科的研发与管理当中。主持“IC 引线框架电镀生产线”“晶圆凸点电镀设备”“100MW 太阳能电池硅片及成套装备产业化”“300mm 减薄抛光一体机研发与产业化”等国家重大项目。曾荣获机械电子工业部科学技术进步奖、中国电子科技集团公司科学技术奖及山西省科学技术奖。

1987年，23岁的景璀从沈阳工业大学电子仪器及测量技术专业毕业，同年7月被分配到原电子工业部第二研究所工作。走入工作岗位后，景璀专于技术，勤于事业。时光飞逝，至今已拼搏了近30年。

在将近30年的时间里，景璀一直就职于先后隶属于电子工业部、信息化产业部及中国电子科技集团公司（CETC，世界500强）的第二研究所，无私忠诚，兢兢业业，为党和国家、半导体装备事业奉献了自己的青春和智慧。那个时代的人，大多在一个岗位上勤勤恳恳、专注耕耘，追求的是用一辈子的时间干好一件事情。自工作以来，景璀从二所的基层技术研发开始做起，在技术上一步步成长为工程师、高级工程师、研究员级高级工程师，职务上也从基层的党支部书记，慢慢擢升为研究室的副主任、主任、副所长。

2013年，中国电子科技集团公司整合太原二所，长沙四十八所和北京四十五所，成立了中电科电子装备集团有限公司（简称电科装备），景璀担任电科装备副总经理，中国电科第四十五研究所常务副所长，北京中电科电子装备有限公司董事长。2013年9月，他带着在二所二十几年设备研发和经营管理的宝贵经验，从山西来到了北京。

他是央企的科技精英，也是卓越的管理人才，在改革开放的大潮和时代剧变中，景璀和集团公司、半导体装备行业共同成长的故事是国有体制内开拓创新的一个缩影。

生存危机前初试身手

作为国家机械电子行业研究所，中国电科二所当时的专业定位是电子工艺研究。但是随着市场经济的发展，研究所的基础技术产品，不直接参与市场竞争，在市场环境中缺乏竞争力，出现了非常困难的局面。以录音笔为例，企业是生产录音笔的，而二所是研究录音笔制造工艺的,工厂的生产经验积累越来越丰富，产品越来越完善。相比之下，研究所的价值和存在感大大削弱。所以，二所转变了模式，即把自主研发的电子工艺固化入电子专用设备，把电子专用设备推向市场，形成了从事电子专用设备研发、生产、销售的专业方向。

那个时候，整体国民经济发展迅速，但研究所的国家拨款只能维持基本需求。二所在面临这样一个社会环境和压力挑战下，需要自谋生路，景璀和同志们也必须要去市场上寻找机会了。那时是 90 年代初，创业的阵痛来了。

景璀所带领的团队有四五十个人，作为研究室主任，内外压力叠加，激发了景璀的市场敏锐性。市场需求是什么？怎样才能接地气？怎样才能跟市场真正结合起来？群策群力下，发展模式终于有了突破，从一开始单一做工艺，转变为把设备和工艺结合起来，研发出市场需要的产品，产品的出售激发了活力。

这是研究室的第一次创业，在经历思维和模式转型的阵痛后，研究室的年销售额从 30 万飞涨到了 5000 万，整个二所的销售额更是达到几个亿。

这段经历是景璀的市场突破的初体验，也是二所人第一次与竞争对手的正面交锋。对于他和所有同志来说，这是一次脱胎换骨的转变。对于他们来说，最大的困难莫过于，国有体制的人面对市场竞争时需要克服体制、头脑、思维方式的种种差异，要在心态上从依赖国家转变为主动参与市场竞争。

如今已是改革开放40周年，回首当时的心路，当时大家都是在尝试，因为谁也不知道到底路应该怎么走，只能在体制里去想办法，用自身的努力和智慧，去扬长避短，去提升自己的技术实力，去跟民营企业竞争。在跟民营企业竞争显示出诸多劣势时，景瓘和同事们的选择是，提供更好的技术方案。在那段时间，好多人下海去自谋职业，景瓘却很坚定，坚持在体制下和大家一起趟出一条路。能够坚持下来不离开这个岗位，去面对外界的环境变化和重重的压力挑战，需要长久实干的毅力，需要坚定不移的信念。内功方面，既需要对市场反应敏锐，能够感知市场并作出应对，也需要在技术上去创新，去不断拓展边界。

1992年景瓘在新型电加工技术研究方面取得研究成果，获得省部级（原机械电子工业部）科学技术进步奖三等奖。2003年，景瓘当选全国信息产业系统劳动模范。2005年，在三槽晶片电镀设备方面，景瓘获得省部级（中国电子科技集团公司）科学技术三等奖。

暴风骤雨洗礼　再次创业成功

时光指向2006年，景瓘已成长为二所的副所长。当时光伏行业比较火，景瓘和同志们在市场上的第二次策马扬鞭开始了。2010年，利用做光伏装备的优势，景瓘担任山西中电科新能源技术有限公司总经理，负责公司的筹建与运营。

在大伙的共同努力下，政府资金、研究所自有资金、基金等到位了。在一块荒草地上，新的厂房盖起来了，设备安装调试到位了，生产线打通了。

又一次辉煌的征程开始了？事实是，好景不长，到 2012 年光伏行业面临产能过剩、行业下行，大量光伏企业纷纷倒闭。

大洗牌开始了，真正的洗礼来了。山西中电科的真正的立足之本，也在此时显露出来。由于公司有自己的工艺和设备，折旧低，生产成本就较低，因此运营成本费用低于同行业企业。还因为拥有自己的核心技术，如同定海神针傍身，山西中电科在这场暴风雨的洗礼中，站稳了。

在核心技术的更新换代方面，景璀和同事们一直在深耕不辍不断突破。从 2010 年到 2013 年，景璀主持了 100MW 太阳能电池硅片及成套装备产业化项目，研究目标是高效多晶硅铸锭炉，通过设备和铸锭工艺研究，提高硅片的光电转换效率。其中类单晶铸锭工艺和设备的研发，打破了传统的多晶硅铸锭方法，硅片的光电转换效率达到了 18.0%，达到提高多晶硅硅片生产效率的

目的。

积健为雄，到现在，这家公司继续着10亿左右的年收入。

完善现代企业制度　提升核心竞争力

2013年，景璀来到了中国电子科技集团有限公司四十五所，担任北京中电科公司董事长。

北京中电科电子装备有限公司，隶属于中国电子科技集团公司，是由电科装备全资控股的国家火炬计划重点高新技术企业，致力于电子封装成套设备、自动化设备、智能制造装备的研发、制造与市场服务以及晶圆封装代工服务。公司承担的“十一五”“十二五”国家重大科技专项的攻关和产业化项目，在封装测试领域具备局部成套、整线集成的优势。

作为现代企业，在市场竞争中，没有核心竞争力就没有生命力，市场能力是企业发展的核心竞争力之一。北京中电科的主营业务是集成电路先进封装设备，除了承担国家的重大02专项任务之外，要想真正市场化，就必须健全和完善现代企业制度。

在日常研发和管理中，景璀开始带领大家从转变观念、改进机制、加强考核、强调执行、市场先行五个方向进行突破。

科技创新上，景璀带领公司核心团队进行技术攻关。持续加强研发投入，从基础条件到设备工艺验证建设做起，从设备关键技术攻关发力，从设备整体性能提升和客户满意度落脚。公司承担的一系列重大专项项目进展顺利，参与研发了世界首台可用于批量生产的C2W高密度倒装设备，组织研发具有国际先进水平的300mm超薄晶圆减薄抛光一体机。2017年11月21日，电科装备45所自主研发的200mmCMP商用机完成所内测试，发往中芯国际天津公司进行上线验证。这是国产200mmCMP设备首次进入集成电路大生产线，标志着我国核心装备自主可控迈出了重要一步。

市场经营方面也在有条不紊地稳步推进。一是加强对重点行业发展的分析和研判，以及对公司重点客户的营销策划，瞄准国内行业龙头企业，持续加强对重点客户的营销，提高品牌效应。二是抓住现有的资源和渠道，通过参加国际设备展览会等活动，积极开拓海外市场。三是不断提升市场营销能力，完善市场销售管理制度。四是加强售后服务队伍建设，打造“态度真诚、技术精湛、用户满意”的服务团队。

一系列措施为北京中电科带来了可喜的变化：科技创新能力明显增强，市场营销能力大幅提高，销售收入及利润逐年提升。2016、2017 连续两年获得开发区“德勤亦庄高科技高成长 20 强”前三名，体现出强劲的发展潜力。

对于北京中电科未来的发展，景璀认为公司将深入学习贯彻党的十九大精神，以提质增效为主线，一是以市场为导向的作为思想指引，全面推进运行机制改革，激发员工活力。二是持续技术改进提升，坚持 6–8 英寸系列划切设备、减薄设备的技术提升，完成全面技术改进，形成新版设计，打造精品产品，C2P、C2W、C2S 倒装设备进一步提高可靠性，提高效率，形成批量销售。三是加快新动能培育，完善 12 英寸划切设备和高速倒装机设计，突破高速高精度图像处理技术，高速旋转键合头技术，高精度工作台定位技术，工艺适应性达到客户要求，完成定型设计，实现批量销售，形成新的经济增长点，掌握工业机器人应用技术，实现组线应用。四是推行全面质量管理，加强过程细节管控，提升产品品牌效应。五是扩大市场规模，围绕封装行业龙头企业工艺需求，开展技术服务和产品研发，针对新型高速发展的新技术及新行业，结合客户需求开拓市场，加强售后服务，提升售后服务质量，赢得客户，提升市场口碑。切实解决制约发展的核心问题，提高经济运行质量，实现公司快速发展。

不忘装备报国初心 牢记大国重器使命

经过在半导体装备行业的多年耕耘，景璀清醒的认识到，虽然中国集成电路发展已经有几十年，在技术上取得重大突破，但是与国际水平还存在很大差距，而集成电路装备作为我国集成电路产业的“重器”更是充满挑战。随着集成电路装备采购额的增长，2017年全球集成电路装备产值达560亿美元，遗憾的是全球前十名集成电路装备供应商被美、日、荷三国企业所垄断。而中国设备厂商全部加起来才不到9亿美元，只占全球的2%左右。从现状看来，集成电路装备产业核心技术依然受制于国外，产品市场占有率较低、配套的关键部件发展不足等短板犹待破解。

令人欣喜的是，近几年在国家02科技重大专项及业内有着“大基金”之称的中国国家集成电路产业投资基金支持下，国内一些企业像中微半导体、北方华创、电科装备等集成电路设备制造企业通过自主创新脱颖而出已然有了重大突破，并且带动一些小企业崛起形成星火燎原之势。比如电科装备成功攻克离子注入机，成为国内唯一一家离子注入机供应商，国产200mmCMP设备首次进入集成电路大生产线，世界首台可用于批量生产的倒装键合设备完成研发与销售。

这些成就充分说明我们具有打破国际垄断的能力，而我们作为集成电路装备国家队，有义务扛起打造“大国重器”的这面旗帜，中国集成电路装备产业正面临发展的战略性机遇，我们要充分抓住有利机遇，实现弯道超越，由“跟跑者”成为“领跑者”。打造“大国重器”正当其时。

回首风雨几十载　展望未来满踌躇

四十不惑，五十知天命。景璀1964年出生于山西的鱼米之乡运城，工科出身，年过50，有了一些心得体会。本是匠人，却在市场对接、创业创新方面表现出帅才，何故？景璀认为，除了十几年的技术积累，自己的主要优势在于对市场的感觉比较强，具有对市场的热爱和敏锐，因此才能把技术和市场结合起来。

景璀的市场敏感是怎么被激发的？主要原因就是他面临市场经济大潮的求变意识和具有与人打交道的亲和力。情商高的人，为人谦虚，人缘很好，善于学习，不耻下问。性格决定命运，为人亲和的景璀，遇到市场经济的竞争环境，在接触和思考中，不断开拓着思维边界，不断探索着前行的道路。

“雄关漫道真如铁，而今迈步从头越”。作为在行业深耕三十年的“匠人”，作为公司和研究所的带头人，景璀和同事们依然疾步前行，作为国内专门从事集成电路关键装备研发及产业

化的国家级重点科研生产单位，下一步他们将以 CMP 设备产业化为契机，加快推进国产装备的进程。电科装备在‘十三五集成电路装备发展规划’中提出重点突破、平台支撑、局部成套、集成服务的发展规划。按照装备集团的发展行动计划，通过“集成电路装备创新中心”的建设，在 CMP 设备、离子注入机高端湿法设备、先进封装设备等核心装备方面，形成产业化制造和集成服务，成为全球先进的集成电路设备制造商，实现“国内卓越、世界一流”的目标。憧憬未来，景璀信心满满。

➢企业家感言

近年来，我国集成电路制造业得到了快速发展，年产值已突破千亿元大关。受利好因素影响，国内正迎来新一轮集成电路投资热潮。目前，国际上集成电路工艺走向 10nm、7nm，晶圆尺寸走向 18 英寸，无论工艺技术还是投资规模都遇到了瓶颈，国际集成电路装备的前进步伐正在放慢，这给了中国集成电路装备加快追赶的机会。中共中央政治局委员、国务院副总理马凯强调“加快推动我国集成电路产业的发展”是正当其时。

但是我们还需要清醒的认识到，虽然我国集成电路发展已经有几十年，在技术上取得重大突破，但是与国际水平还存在很大差距，而集成电路装备作为我国集成电路产业的“重器”更是充满挑战。随着集成电路装备采购额的增长，2017 年全球集成电路装备产值达 560 亿美元，遗憾的是全球前十名集成电路装备供应商被美、日、荷三国企业所垄断。而中国设备厂商全部加起来才不到 9 亿美元，只占全球的 2% 左右。从现状看来，集成电路装备产业核心技术依然受制于国外，产品市场占有率较低、配套的关键部件发展不足等短板犹待破解。

令人欣喜的是，近几年在国家 02 科技重大专项及业内有着“大基金”之称的中国国家集成电路产业投资基金支持下，国内一些企业像中微半导体、北方华创、电科装备等集成电路设备制造企业通过自主创新脱颖而出已然有了重大突破，并且带动一些小企业崛起形成星火燎原之势。比如电科装备成功攻克离子注入机，成为国内唯一一家离子注入机供应商，国产 CMP 设备首次进入集成电路大生产线，世界首台可用于批量生产的倒装键合设备完成研发与销售。

这些都充分说明我们具有打破国际垄断的能力，而我们作为集成电路装备国家队，有义务扛起打造“大国重器”的这面旗帜，中国集成电路装备产业正面临发展的战略性机遇，我们要充分抓住有利机遇，实现弯道超越，由“跟跑者”成为“领跑者”。我认为打造“大国重器”正当其时。

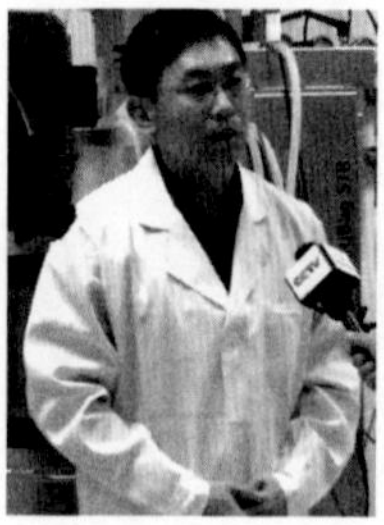

李锋：

中国抗体产业发展的“探路者”

企业家小传

李锋，博士，北京天广实生物技术股份有限公司总经理，教授级高级工程师。已发表学术论文20余篇。主持引进海外技术团队，建立抗体药物产业化技术平台，十二五期间主持承担多项新药创制重大专项等国家及省部级项目。

只争朝夕，臻于至善。李锋作为企业的开拓者和缔造者，不仅是企业的灵魂所在，更是行业发展的先驱，他凭借着自己对行业特有的敏锐和触觉，为企业做出无数次正确的决策，并且为中国抗体产业的发展添砖加瓦。

一脉相承，科研梦初成

李锋生于北京，身为“70后”的他，却有着绝对不输青年人的热忱和冲劲儿。李锋的父母都在中国科学院工作，那时候的中关村还不像现在车水马龙般热闹，也只是刚刚兴起。在中关村渐渐长大的他，耳濡目染，身上也慢慢浸染了科学家的气质。

李锋是在上海交大读的本科，在清华大学师从曹竹安教授就读于生物化工系。那个年代，名校毕业，本该不愁生计，但他对未来前途产生了困惑。李锋的担心也不是毫无道理。这是因为当时国内还没有生物医药行业。当时在他们之中还流传着一个调侃的笑话，大家都在说生物科学是21世纪的学科，是热门专业、热门学科，还因此兴起了一股热潮，结果后来进入这个行当后才发现大家没说清楚。原来，生物科学确实是21世纪的学科，只不过，准确来讲，是21世纪的下半个世纪。

在大学时应该是大多数人一生中最悠闲自在的时光，朝气蓬勃，人生充满了无数种可能。可本科时的李锋却对自己的专业感到迷茫和困惑，为什么呢？李锋当时读的是一门交叉学科，结合了生物科学与工程技术，初入门的他对这一科并没有太多的认知，只记得当时专业课一年考酿造啤酒，一年考味精，他完全不知道自己未来可以做些什么。直到在大学四年级一门课叫做专业前沿，李锋才真正意识到自己其实离梦想很近，而且是咫尺之遥。那时候正值 90 年代初期，美国的生物技术和生物制药行业刚刚起步，安进公司的 EPO 逐渐打开市场，基因泰克的公司成功克隆出人类的胰岛素并进入规模化生产，这无疑给当时大学时期的李锋注入了一剂强心针和兴奋剂，后来他也如愿进入这两家公司工作。可以这么说，生物技术的产业化应用使李锋的梦想找到了落脚点和着力点，在一定程度上也影响了他未来的职业规划和人生发展路径。

砥砺前行，梦想落地

读研究生期间，在清华大学化工系生物化工研究所曹竹安教授实验室，李锋选择了细胞培养生产单克隆抗体的前沿领域。研究生毕业之后，李锋没有停下学习的脚步，而是选择了继续深造。一般人读生物科学专业都要 5 年 –7 年，然而李锋在自己的努力和导师的帮助下只读了 3 年，创造了一个短时间毕业的小记录。原来，李锋当时学习和研究的重点是医学科学，但是在求学过程中，他已经逐渐认识到自己的个人兴趣点和能力都偏重于产业方面，而不是做基础的科学研究，而且他也并不想在学术界长期发展，他决定正视自己的内心，于是才有了后来的故事。

他就读的专业比较偏向生物，也就是说，在产业界就业前景依然不被看好，刚毕业的时候找工作变得异常艰难。然而李锋还是选择走上社会。自助者人恒助之，当时生物制药产业特别是抗体行业刚刚兴起，正好需要一大批像李锋这样既有工程背景又是学生物的科研人员。李锋幸运收到了一家由华人创办的抗体公司 Tanox 抛出的橄榄枝。这家公司在李锋的职业生涯中是标杆似的存在，它标志着李锋从科研进入产业的梦想开始。当时这家公司还正处于初创，在经过了不懈的努力之后，在创业中期也就是 2000 年成功上市，进行了大额融资，解决了燃眉之急。

在 Tanox 工作两年之后，李锋觉得自己的实际工作能力已经有了很大程度的提升，就决定去大公司继续开阔眼界。

十年磨一剑。既有在初创型公司的工作经历，也有在行业成熟企业的工作经历，小公司给了他更多思想上的自由度，让他觉得创业其实并不是一件遥不可及的事情，同时也使他形成了不依赖于大公司完备体系的工作方式；而大公司则在产品线布局和商业发展途径上给了他很大的启发。这些宝贵的工作经历，再加之当时不断发展的中国社会对抗体药物的巨大需求，令李锋看到

了中国抗体产业发展的可能性和无限空间，巨大的市场空白促使李锋和他的团队产生了创业的念头。

2010年李锋结识了军事医科学院的沈倍奋院士。现在的天广实最开始就是起源于军事医学科学院基础医学研究所的免疫学研究室，是以沈倍奋院士的实验室为技术支撑创立的。沈老师希望李锋他们这些有产业化经验的人能接手在当时运营的并不太好的天广实生物技术股份有限公司，并将其发展壮大。既然是做产业,那就得全身心投入,经过缜密考虑,李锋毅然决定接手天广实。

中国作为世界上第二大经济体，医药产业却可能还处于世界三流的位置,这既是中国发展的短板同时也蕴藏着巨大的机会。生物医药行业是个“慢行业”，有它的特殊性，一种药品，从进入临床前期研发到临床开发再到上市，往往需要经过十几年的时间，在整个过程中，特别是在临床实验阶段花费巨大。世界排名前五十的制药公司里并没有中国的企业，这说明，中国的医药行业还有很长一段路要走。

历经艰辛，凤凰涅磐

接手天广实一开始并不是一帆风顺的。尽管打定了主意要创业，也做了一些准备，但在接手之初，李锋还是被遇到的困难打了个措手不及。资金严重短缺，企业转型困难，加上天广实前期在产业化方面推进的比较慢，而且还存在运营管理等一系列的遗留问题……一时间，李锋也无从下手。继续是肯定的，但是如何继续？他快速梳理了一下目前所面临的困难并意识到开发抗体药物是一个不仅对技术而且对资金要求比较高的行业，资金不足的问题其实是一直存在。几个人一合计，对，就从改变发展途径入手。

于是，最初的天广实，选择了一条自我造血滚动发展的途径。说得通俗一点儿，就是做很多抗体仿制药，然后把这些仿制药品种陆续转让给国内希望转型生物药的一些传统药企。在这些项目推进过程中，不断完善自己的技术平台，从而获取了日后持续发展的资金，也推进了自研创新品种的发展。

事实证明，这条路走对了。在经历了最初的摸索期和磨合期之后，公司渐渐步入正轨。随着国内的资本市场对抗体药物的接受度和认可度的提升，在有了前期的这些基础之后，李锋他们决定采用市场化的方式进行股权融资，引进了上海幂方、深圳高特佳和亦庄国投旗下的产业基金，从而获得了公司进一步进入临床开发和产业化所必须的资金。作为补充，他们还积极申请了国家的科技项目，北京市科委、新药创制重大专项、国家各个部委的科技资金对他们的发展也提供了很大支持。

看着天广实在自己手中日渐壮大，李锋和他的团队倍感欣慰，但他们知道任重而道远。目前天广实转让了十余个仿制药项目，但李锋他们还是想要做自己的独家品种，所以在合作方面选择还是很慎重的。李锋一直践行着自己的诺言，在创造经济价值的同时也在努力实现着自己的个人价值。近几年来，天广实在治疗淋巴癌、白血病和乳腺癌的药品方面都有了重大的突破和进展，未来将造福中国更多的患者。但除了以上这几种药品，天广实在研发国家应急药方面也有非常突出的表现。2014 年天广实只用了 4 个月就完成了埃博拉抗体的研发和小规模产业化，据说还成功救治了一名英国护士。这又是怎么回事儿呢？原来，他们在做仿制药的同时，把主要精力放在了进行创新抗体药物的技术研发，特别是优效抗体技术平台的研发上，其中一个技术就是抗体的糖基化改造技术，它主要是用于增强抗肿瘤单抗的 ADCC 作用从而提高其疗效。恰巧当时沈倍奋院士的团队接到了总后卫生部和卫计委的任务，需要进行埃博拉抗体的研发和快速应急生产。正是因为李锋他们平时对技术平台的持续投入和积累，在遇到紧急情况时才能够及时把抗体药物生产出来，并利用成熟的技术平台实现了量产，最终通过国际援助等方式把抗体送到了国外，救活了一位英军女护士和一位意大利男护士。所以，真应了那句话“机会总是留给有准备的人”。

光靠李锋一人单打独斗是不可能有今天这些成就的，这一点李锋心知肚明，所以他把人才和技术做为企业持续发展的核心问题，需要不断吸引新的人才。在2017年年初，天广实又引进了一名具有多年创新抗体前期研发经验的博士加盟，进一步加强了公司的创新能力。

麒麟浴火，凤凰涅磐。李锋在面对困难时没有放弃，在遇到挫折时没有退缩。当然，李锋之所以有今天的成就，也离不开当年沈倍奋院士的如炬慧眼和来自方方面面的支持。

这就是最好的时代

英国著名作家查尔斯·狄更斯在其作品《双城记》中曾经写道：“这是最好的时代，这是最坏的时代；这是智慧的年代，这是愚蠢的年代；这是信仰的时期，这是怀疑的时期；这是光明的季节，这是黑暗的季节；这是希望之春，这是绝望之冬；我们拥有一切，我们一无所有；我们正走向天堂，我们都在奔向与其相反的地方。”对于李锋而言，从少年时期的迷茫懵懂，到后来机缘巧合之下入行，再到现在的坚守和不断突破自我，公司也从初创时的举步维艰，到现在完全步入正轨。现在，就是最好的时代。

回顾过去的五年，天广实最大的转变就是发展方向从技术研发快速进入到抗体产业化的经营思路上。一提到他一手创立的天广实，李锋嘴角就有藏不住的笑意，天广实就像李锋的孩子一样，李锋看着天广实成长，陪着他一起克服困难，陪着他度过所有难关。时至今日，天广实能有如此好的发展成就和前景，固然离不开李锋及其同事们的不断努力创新，以及政府的大力支持和帮助，最重要的是，离不开家人的理解和支持，李锋不止是公司的领导人，更是父母的儿子，是妻子的丈夫，是孩子的父亲。李锋的家在遥远的美国，为了公司的发展，成立初期，李锋不得不留在国内同公司共进退，照顾家庭和教育培养孩子的重任就落在了李锋妻子的肩上。作为当年一起在清华读研时期的同窗，他的妻子明白他、理解他、支持他，在最艰难的时期一手支撑着这个家。李锋的父母已经年长，他也会抽出时间尽量照顾他们的生活，想方设法陪伴他们，感谢他们对自己的养育和栽培。在公司，李锋是一个英明果敢的领导者，是行业的领军人物，在家里，李锋是个孝顺的儿子，是个尽职的父亲，工作再忙，孩子的假期他也都记得。

李锋主持引进技术团队，建立抗体药物产业化技术平台，目前已成功建立了动物细胞抗体高表达系统，将抗体表达量提高到 2–5g/L，达到了国际先进水平。开发的抗埃博拉抗体 MIL77，首创国产抗体药物应用于西方发达国家患者的救治。已经申报临床 7 项（MIL40、MIL41、MIL60、MIL62、MIL77、MIL50、MBS301），获得临床批件 5 项（MIL40、MIL41、MIL60、MIL62、MIL77）。十二五期间主持承担多项新药创制重大专项等国家及省部级项目。

经过了岁月的历练和沉淀之后，现在的李锋，虽然名字后面有一连串的名号及光环，但他知道，他还是当初的他，那个满怀一腔赤诚，怀揣着一颗赤子之心的追梦少年。

路漫漫而修远兮，吾将上下而求索。中国抗体产业发展的道路注定不会一直平坦开阔，但李锋带领他的团队一直在不断探求，为各位医药业同行做一名不停歇的"探路者"。

企业家感言

北京天广实生物技术股份有限公司（Beijing Mabworks Biotech Co.Ltd）是一家处于临床阶段的生物制药公司，具备国内领先的单抗药物研发和产业化技术能力并形成了完善的技术体系。公司目前是国家高新技术企业、北京市生物医药产业跨越发展(G20 工程）创新引领类企业、北京市重点实验室、北京市工程实验室，并设有企业博士后工作站和院士工作站。公司发展至今已成长为具有完善的抗体类药物开发和产业化技术体系的高科技公司。

天广实最开始起源于军事医学科学院基础医学研究所的免疫学研究室，是以沈倍奋院士的实验室为技术支撑创立的，2003

年就在开发区成立了。前期公司在产业化方面推进的比较慢，但是在前期研究方面做了很多铺垫，回顾过去的五年，公司最大的转变就是发展方向从技术研发快速进入到抗体产业化的经营思路上来，我们希望针对国内这个还没有被满足的巨大市场，开发出一些独家品种。

在国内做企业需要根据自身和周围现实的商业环境来发展，所以最开始选择了一条自我造血滚动发展的途径，做了很多抗体仿制药，然后把这些仿制药品种陆续转让给国内希望转型生物药的一些传统药企。在这些项目推进过程中，不断完善自己的技术平台，也获得了持续发展的资金，从而推进自研创新品种的发展。

目前天广实转让了十余个仿制药项目，因为想要做自己的独家品种，所以在类似药方面，我们只选择了一个项目，就是基因泰克公司的贝伐珠单抗类似物 MIL60，现在已经与贝达药业合作推进到了三期临床。天广实完全自主开发的重点项目是目前最畅销的美罗华的优效品种——MIL62，适应症为淋巴瘤和白血病，它能够与美罗华及类似药形成差异化竞争，目前已经推进到了一期临床。此外，还有一个双功能抗体 MBS301，它是目前治疗乳腺癌的畅销品种赫赛汀的优效药，我们希望在中国和美国同步申报临床，最近这个项目的美国专利刚刚获批，这为我们的创新药进入国际化竞争打下了良好基础。

说到人才，始终是企业的核心问题，生物医药并不是一个人单打独斗就能够完成的工作。天广实的海归团队在成立之前大家互相就比较了解，而且技术互补，这样才能够在很短时间内把技术平台建立起来。回国五年以来，我们团队非常稳定，还获评了开发区高层次人才团队。国内的创新和竞争环境在不断变化，团队也需要不断创新，不能固步自封，还需要不断吸引新的人才。2017 年年初，为了进一步加强在抗体创新药前期研发上的投入，天广实又引进一名具有多年创新抗体前期研发经验的海归博士加盟，进一步加强了公司的创新能力。

随着社会发展的需要以及国家改革的深入，特别是对创新的推动，国内抗体药物行业的竞争势态还在不断变化。对企业来说，如果没有一定超前意识的话，在这个快速发展的社会中肯定会被淘汰，所以怎么能够把握一个超前半步的平衡是我们考虑比较多的问题。中国的抗体产业发展最终还是要走向创新，参与全球性的国际竞争，所以我们现在更关注的是如何让企业具有持续的创新能力。

李刚：创新实干的“军转民”探路者

企业家小传

李刚，1977 年出生，中共党员，中共中央党校经济管理研究生，天津大学 EMBA 学位，工程师。1999 年毕业后进入中国航天科技集团公司第十一研究院（原第 701 研究所）工作，历任十一院团委书记、经营管理部副部长，2011 年至今，任北京航天易联科技发展有限公司总经理、公司法人。荣获北京市科学技术奖三等奖。申请并已授权发明专利 7 项，实用新型专利 5 项。北京经济技术开发区人才最高奖——“亦麒麟”经营管理领军人才奖、中国航天科技集团有限公司“航天创新奖”、中国技术市场“金桥奖”优秀个人奖。

北京航天易联科技发展有限公司
李 刚

国家行政学院
李 刚

企业家是一个企业的统帅和灵魂。企业和市场的发展都依赖于创新实干的企业家精神。这种精神是企业成长的源动力，也是当今社会一种至为稀缺的资源和最根本的竞争力。

北京经济技术开发区人才最高奖——“亦麒麟”经营管理领军人才奖的获得者——北京航天易联科技发展有限公司总经理李刚，就是这样一位创新实干的企业家。他的故事，诠释着敢为人先、爱拼才会赢的企业家精神。

军转民　7 年资产增值 40 倍

2011 年年初，在去佳木斯出差的火车上，领导突然找李刚谈话，希望他去航天十一院所属北京航天易联科技发展有限公司任总经理。也许是上火车前的晚饭多喝了几杯，年轻气盛的李刚爽快答应了，和领导在卧铺车厢里聊畅想，恨不得聊个通宵。然而，一早醒来，他的头有些生疼。李刚突然意识到，未来怎么走，其实看不清楚，挺迷茫。看着窗外一轮朝阳从山顶喷涌而出，李刚知道，这趟火车决定了自己 2011 年之后的命运。前方是什么，无法预测，但此时的他，已没有退路，唯有前行。

这一年，李刚 33 岁，时任中国航天科技集团公司下属中国航天空气动力技术研究院经营管理部副部长，此时已在院机关工作了10年。初到机关的他在人力资源部从事绩效管理工作。3年后转政治工作部任团委书记，在团委的3年多时间，李刚优秀的沟通能力、协调组织能力突显出来，领导决定进一步栽培他。当时从团委转岗，一般都去人事、政工等部门，但是李刚却选择了经营管理。"研究院是军工单位，经营管理部是民用产业的主管机关，我想了解民用产业管理"。转到业务岗，李刚的选择在整个航天科技系统并不多见。"我还年轻，要勇于面对新挑战，学习新东西。"李刚当时在日记里这样调侃自己："没想到自己还挺有开拓性。加油！"

李刚丰富的工作经验和富有开拓性的性格，被领导悄悄看在眼里。其时，研究院希望将传感和测控业务进行军转民，成立一个产业化平台，做公司化运作和管理。因此，2010年底，易联公司注册成立。而当新诞生公司需要一个总经理时，领导们一

致想到了李刚。

李刚见证了易联公司从无到有，从弱小到发展步入正规。他更是其中的创造者之一。公司成立的时候，研究院只投入了600万元的注册资本，后来增资到1750万元。而到2017年，易联公司总资产增加到2.4亿元，7年时间增值近40倍。这一切的背后，都沉淀着李刚团队的汗水与辛劳。

尽管易联还很"年轻"，但已驶入健康快速可持续发展的轨道。公司打造了三个主营业务和核心技术方向——光纤振动传感技术、TDLAS水汽传感技术和THz人体安检技术；形成了以具有自主知识产权的先进产品为基础的核心竞争力；探索军民融合新模式，军民市场同步推进，构建了规范的现代企业制度和公司法人治理结构体系。

向市场要生存的"变"与"不变"

军民融合成为国家战略。军转民是其一个重要抓手。军转民，难在哪里？难在体制之变。好比从"母体"里分离，易联公司从成立的第一天，就必须从精神上断奶，走市场化道路。这个体制之变，在李刚的眼里，首先从地理上的分离开始。

搬家！李刚力主易联公司从位于北京丰台云岗的中国航天空气动力技术研究院里搬出去，搬到市场环境里。他选择了位于亦庄的北京经济技术开发区，当时的开发区东区正在建设之中。李刚在这片投资热土上，感受到了朝气蓬勃的成长气息，这与他和易联公司的愿景气味相投。"易联的成长环境一定要和市场经营环境紧密结合。"李刚看得明白，决策迅速。刚出生的易联筹资筹资在北京经济技术开发区科创十三街18号院购买了一幢办公楼。2013年，公司搬到开发区。当时李刚想象，这栋大楼至少能够满足易联公司5年之内办公所需，谁知道，搬过来2年后，就不够用了！易联公司发展之快，超出了想象。

易联刚成立时，研究院测控技术事业部把研发团队拨给了公司，算上李刚，一共59个人，其中，近一半的人是事业单位的体制内身份，另一半是劳动合同制。同工不同酬，这怎么办企业？李刚感到"不能用军工体系经营易联"！他经过不断调整、思考、多方参照，用半年时间完成了区别于研究院现行的薪酬管理体系和绩效管理体系。

当然，李刚首先对自己毫不留情。为了公司军转民，早日真正走上市场化道路，本来还兼着中国航天空气动力技术研究院经营管理部副部长的李刚，主动提出不再兼任机关岗位，全身心投入到公司经营中。"创业，你全身心的投入都不一定能成功，更何况兼职？不给自己留后路。"李刚以身作则，启动了公司薪酬体系改革，向按岗位定薪酬的管理体系进行转变。

同类改革也许在民营企业里不算事，但是对于已经习惯体制内机制的易联初期的"元老"们却是天翻地覆的变化。当时研究院里的人力资源部，包括院里的领导，都担心会出问题。但是，由于李刚工作做得细，思想工作做在前面，公司没有出现太大的波动，平稳地度过了调整期。

办公地点的变化，人员结构、工资体系、薪酬体系的变化，为易联公司市场化发展打下坚实基础。虽然易联公司是研究院成立最晚的一家公司，但却是最市场化的公司。这和创业之初，李刚推行最艰难而又最彻底的改革有莫大关系。

公司成立第一年，易联公司结算了6000万的收入和200万的利润。领导欣慰地拍着李刚的肩膀，笑着说："你这个总经理我没有选错。"

变中亦有不变。航天系统的文化是公司的基因，它融入李刚血液里，也融入了易联公司的基因之中。载人航天精神，就是“特别能吃苦，特别能战斗，特别能攻关，特别能奉献”这20个字，如果用在一个人身上的话，一定是好员工，而在易联身上，则赋予易联人一份独特地执著和热情。

李刚在管理上不拘泥于传统，大胆放权，鼓励创新。公司以市场为导向，构架新的内部组织结构，采用事业部制组织模式，严控一般管理人员和生产人员在公司员工中的比例，加强经营管理、市场销售和技术研发人员在公司中的地位。公司聚拢了一批真正热衷公司技术方向，将之当事业来做的年轻人。初创给不了市场或者行业能给的高薪酬，但团队出于对航天科技的自豪感和归属感，都留了下来。李刚拍板决定，引进高层次技术人才，薪酬可以比他高，而销售人员，只要能实现既定目标，薪酬比他高10倍都没有问题。

在易联，人人都有一本《员工晋升通道体系》供对标。"敢用人、会用人。"是下属对李刚一致的评论。目前，易联公司员工平均年龄不到 32 岁。各部门负责人基本上是 80 后的年轻人。

管理多年，李刚已深有体会，管理要学会授权。2014 年，公司走上正轨后，李刚把审批的权限授权全部下放。而在这之前。新公司刚起步，必须要加强管控，全公司只要花一分钱都要他签字。如果李刚出差 3 天，回到公司后，有半天时间，别的事干不了，他就只有埋头签字。办公室门口排队找他签字的队伍排到大厅里。但是放权后，到李刚这里来签字的就少了，公司真正形成了管控体系里的放权授权。

而放权的背后，实际上是李刚的一个管理心得："把团队潜能激发起来。"坚持人才引进与人才培养工作并举；事业留人与提高员工收入并举；感情留人与业绩考核并举，李刚用 2 年时间培养了一个与他同心同德的年轻团队。经营团队十几个人在 7 年多时间内基本没有大变化。易联公司的员工们称赞他情商高，

但李刚却谦虚的说：其实人格魅力，更重要的是来自从自己做起，自己做的事让人服气。

靠“双轮驱动”高速发展

从易联公司的发展史看，似乎易联的军转民很顺利。但是李刚觉得其实不容易。李刚是一个追求完美的人，一路走来，里面有太多的辛酸了。

市场，这两个字，在李刚的心中，千钧之重。作为军转民的企业，成败之举，就在市场化。因此，他力主易联公司的发展，必须“两个轮子”共同驱动。一个“轮子”是市场的牵引，一个“轮子”是技术的推动。易联在短短数年之中，在技术储备上，积攒了丰厚的发展动能，与李刚的这个深刻认识和视野分不开，与这“双轮驱动”分不开。

光纤传感是一种新型的传感器，一根光纤既能传感又能传输。这个业务从 2008 年北京奥运会前的一些项目起步。其中，分布式光纤振动传感，在奥运会上提供了服务。公司开发的语音监听系统，就是把声音作为振动信号进行采集和还原。在花样游泳项目里，观众要听到音乐，水下的运动员也要听到音乐。当时易联公司的前身——测控技术事业部开发了一套用于仲裁的设备。这个设备既能监听到水下音乐声，又能监听到水上的音乐声，为裁判员的评判提供了依据，为奥运会开发的多维影像采集系统，在电视转播中，从水底看运动员的水下场面，从空中全景看比赛画面等都是由那套系统实现的。北京奥运会上，这套系统还立了一大功。在当年的奥运花游比赛中，该系统监测到日本队的一个女队员脚触底了，因此，日本队的铜牌被取消，而中国队由第四名顺理成章晋级成铜牌，为中国健儿多争取到了一枚奖牌。由此分布式光纤振动传感在研究院成为重点发展方向，针对产品市场推广和产业化应用，才有易联公司的诞生。

基于光纤传感技术，易联公司有了最初的产品：光纤周界入侵报警系统和光纤管道安全预警系统。之后公司致力于光纤传感应用领域的关键共性技术进行研究开发，获批北京市发改委“分布式光纤传感应用技术工程实验室”。“分布式光纤振动传感关键技术应用及产业化项目”荣获北京市科学技术奖三等奖。

虽然李刚不是传感专业出身，但是他非常有悟性，对于技术问题，往往一点就透。也是因为具有对项目和产品的敏锐洞察力，让他力主易联从产品供应商向系统集成商的转型。

这从一个关键节点说起。易联要为某特殊领域开发一套智能防卫报警系统，易联为此花费了两年时间，开发出了一套高标准成熟的“航天安防综合管理”系统。在这个项目上，很多人不主张做软件的开发。但是李刚坚持自己做软件。组一个软件团队很耗费精力，投入很大，而如果软件外包，根据项目做定制化，是最划算的路径。但是李刚不为所动，“一意孤行”，坚持做集成软件平台。之后，这套自己拥有的软件系统凸显出优势，完全证实了李刚当初判断的正确。在整个安防领域里面，易联公司既有核心硬件，又有软件平台，做设计方案的时候，就可以进行模块化管理，成本控制住了，质量和进度也尽在掌握。

在李刚的带领下，易联公司充分发挥航天品牌优势，坚持市场需求为导向，瞄准市场容量大、技术门槛高的行业领域，做差异化市场推广，充分发挥航天高科技产品的优势。李刚非常重视营销的纵深推广，努力改变原来偏重做定制化市场销售的旧模式，在产品销售上，采用不同的销售策略。对于核心产品，坚持“推出一代，在研一代，储备一代”，使产品具有更长的生命周期和更强核心竞争力。

总结自己的经营理念，李刚有三个体会：一是采用差异化市场策略，发挥航天高科技技术优势，积极寻找市场空白点，选择目标市场，满足和解决用户需求的痛点。TDLAS水汽传感技术，解决了环保领域高温环境下湿度在线检测问题，为环保监测行业在线实时采集数据提供了全新的技术手段。

二是以示范项目方式在应用中优化产品并撬动市场。通过开展示范项目，把产品使用到实际工作环境中，在应用中不断改进和优化，最终实现产品定型。被动式太赫兹人体安检仪先后在

新疆维吾尔自治区成立六十周年庆祝活动中试用，改进优化后，在杭州 G20 峰会开展示范应用，为成功打开新疆市场起到了关键性作用。

三是国际市场“借船出海”。针对产品国际化的要求，公司积极与外贸公司和军贸公司建立合作关系，采用“借船出海”方式打开国际市场。光纤周界入侵报警系统被深圳华为确定为海外集成项目该领域国内框架招标唯一中标商。该产品成功进入国际市场，在巴基斯坦军港、加纳总统府和行宫等项目中成功应用。

又到下班时间，易联公司办公楼里音乐响起。第一遍是歌曲《闪闪红星》，第二遍是员工自己创作的《易联之歌》。这既是因为有班车，提醒员工们下班，做好坐班车的准备，又是企业文化的体现。“昂首阔步新易联，风雨同舟谱新篇 .....”在嘹亮而激昂的歌曲声中，李刚还在伏案工作，不知疲倦。他夫人笑称他：“只要一进办公楼，他就像打了鸡血一样工作。”李刚带领着他的团队，带领易联推进“军转民”不平凡的事业，用激情燃烧的岁月致敬载人航天精神。

企业家感言

作为航天人，航天传统和航天精神感染着我，让我受益终生！

作为航天人，我愿做军民融合的探路者，并为之奋斗终身！

山再高，攀上去，总能登顶；

路再长，走下去，定能到达！

任彤：
十五载专注园区建设的拓荒者

企业家小传

任彤，北京亦庄产业技术创新联盟促进会副会长，曾任北京嘉捷源技术开发有限公司副总经理，北京嘉捷美锦科技发展有限公司总经理，北京区域合作投资有限公司总经理，北京嘉捷源技术开发有限公司总经理。现任大兴区政协常委，北京亦庄区域合作协会常务副秘书长，大兴区青年联合会第3届委员，亦庄人力资源培育服务联盟理事长，北京亦庄科技商会执行会长，北京亦庄产业技术创新联盟促进会副会长。

对于“拓荒者”这个称呼，任彤本人是认可的。无论是在初入嘉捷时的大胆尝试,还是在探索区域合作模式时的敢为人先，任彤都能够始终围绕着“科技园区的开发和服务”这一目标持续发力，而且极具前瞻意识的他总能在茅封草长之地发现机会，并在一番拓荒之后收获一派繁盛，如对嘉捷企业汇一期的无借鉴探索，或是对“北京亦庄·永清高新技术产业开发区”的精准判断均是如此。而对于这位嘉捷企业汇（产业园区运营平台）的掌门人，嘉捷集团更是不吝赞美：他带领企业立足于北京经济技术开发区，把握产业聚集的优势，不断深挖科创企业服务项目，做好了政府和企业的桥梁，做好了政府的招商助手，做好了企业的合作伙伴，他关注企业的创新活力，专注扶持科技创新型企业的成长，推动嘉捷科技园区越来越成为助力区域科技创新、促进区域经济发展的重要生力军。

打破传统　探索开发区园区新模式

十六年前，且不说当时的嘉捷企业汇还是一片不毛之地，就连开发区也远没有今日的车水马龙。对于任彤而言，这里宛如一块空白的画布可以任由他和他的团队在上面描绘出波澜壮阔的未来蓝图。

在参与了长三角地区工业科技园区建设后，任彤敏锐地感觉到了在北京，自己的家乡建立现代化科技园区将是未来的园区发展的一大趋势。虽然在政府规划层面，当时的北方招商引资更侧重于大型企业，但他果断地判断，如果打破科技园区单纯的生产功能这一限制，必将激发一批为大型企业配套的中小型企业的创新能力，增色地区的发展活力。为实现这些想法，他放弃了外企的高职高薪，毅然加入嘉捷集团。那一年是 2003 年。在任彤的记忆中，当时的开发区已经建起了几处园区，但那都不是他理想

中“科技园区”该有的样子，经多见广的他希望嘉捷企业汇能够集办公研发、电子商务、金融配套等多个功能于一身，真正形成总部概念。于是，他并没把时间过多的耗费在“取经”上，而是着力在有限的空间里创造无限的可能——要有办公室，要有研发、实验、检测中心，厂房可以酌情安排，生产线最好不要有……缜密规划、科学布局，在任彤的筹谋中，嘉捷企业汇拔地而起，矗立在了开发区西环南路，成为了该区域的新坐标。这时的他们，在举杯庆祝之后，又开始为招商奔波。

2011 年，在经过了一段时间的观察和分析后，任彤大胆地提出了“嘉捷企业汇要成为满足政府招商条件，以创新型中小企业为主要客户的科技园运营商”的业务发展新模式，以及“全面推进建立高效的中小企业服务体系，帮助中小企业转型升级、做大做强；提高本公司知名度成为品牌运营商，为实现国家十二五规划贡献我们力量”的策略。这些想法和措施得到了北京市、天津市、大兴区和开发区相关部门领导的高度认可和支持，并前来观摩和指导。

于是，为了扩宽广泛的招商网络，搭建园区招商平台，任彤带领着嘉捷企业汇积极地与行业龙头企业、行业协会、金融机构、中介机构的合作，累积了大批成长型中小企业意向客户。为了能够吸引没入驻的、留住已入驻的企业，他们通过现房方案、定制方案、合作开发及委托开发等灵活的形式，为中小企业提供发展空间和环境。

近两年，“花园式园区”日渐盛行，作为开发区科技园区的“老一辈”，嘉捷企业汇一期虽然无法对园区的规划布局进行更改，却将注意力投放在到服务企业上，为了帮助中小企业解决专业问题，嘉捷企业汇搭建了公共服务平台，与各类专业机构深度合作，提供孵化服务、增信担保贷款、集合票据、集合信托、股权投资等完善的金融服务，并积极为企业争取最优的政府政策和资金支持。而且，为了弥补一期不够“花园”这一缺憾，在嘉捷企业汇二期、三期设计时，任彤都特意融入了生态、人文的元素。

跨越区域 非公企业领头人勇挑担当

可以说，任彤凭借勤奋与执着，在嘉捷实现了从“财务管理专才”到“经营管理全才”的成功转型：在市场经营方面，他提出“郊区化办公”理念，在科技园运营领域独具匠心，得到了市场的高度认可；在内部管理方面，他勇于创新，引进先进的现代化企业管理理念，建立和完善内部管理体系，规范工作流程，推进了团队的高效运转。而且经过 15 年的艰辛创业、砥砺前行，任彤和他的团队已经让嘉捷企业汇在京、津两地初具规模，拥有三个以研发、办公为主的高科技园区占地面积共 40 多万平米，吸引了早已超过三百余家包括 IT 软件、电力电子、新能源、新材料、生物医药、机械装备、现代服务及时尚等行业的入园企业，同时公司取得了运营收入突破 3 亿元，利税近 4000 万元的经营佳绩，并曾先后荣获“国家级中小企业服务示范平台”“十佳工业园区”“北京小企业基地”“最佳环保生态奖”“年度创新项目”“最具品牌影响力产业园区”等荣誉，真正实现了社会效益与经济效益的双丰收。

其实，在这期间，任彤一直在思考嘉捷企业汇以及自己这个掌门人的社会责任。他一边在执着的为科创企业寻找更好的创业基地，一边及时和政府沟通，做好政府招商引资的助手。嘉捷企业汇在“北京亦庄·永清高新技术产业开发区”的成立上发挥了重要作用，目前，已有多家公司入驻高新区。高新区的成立必将面临众多配套服务需求，嘉捷第一个民宅项目“乐陶郡”紧挨

“北京亦庄·永清高新技术产业开发区”落地，为其配套服务奠定了基础。但据任彤回忆，当时的永清并不被众人所看好，交通的欠发达成了障目之叶，但是任彤却敢凭借敏锐的思维和视角去发现和探索，对园区周边的情况有预见性的判断，并和众人一起提出了“再造一个升级版的亦庄”的宏伟愿望。

2014 年 6 月，为落实北京市委市政府对新区提出的“先行先试，着力探索京津冀一体化发展模式”工作要求，贯彻十八大《决定》中提出的激发社会组织活力等要求，秉承“桥梁和纽带”的宗旨，积极探索跨区域产业辐射带动发展模式，创新工作思路，任彤带领区内其他三家国有企业和四家非公企业共同发起“北京亦庄区域合作模式”，以合作区域为研究主体，在探讨区域合作模式上，他为此付出了不少心血和努力，在促进京津冀一体化的

同时，也为工业地产发展做了有益尝试。

2015年“创客”首次被写入政府工作报告，两会两万字政府工作报告13次提“创业”，国家明确表示推进“大众创业、万众创新”将成经济发展新常态。“众创空间”也俨然成为2015年中国经济新常态的热词。作为“嘉捷企业汇”的掌门人，任彤也在带领大家，抓住机遇，创造机会，希望能为众多的“创客”特别是青年朋友们带来创意的方向、市场的声音，利用开发区产业优势，真正实现“Fromeideastoreality”。

对于善于带队伍的任彤来说，“人才”二字在他的认识里占有足够的分量。于是才有了后面的一段段佳话。嘉捷企业汇不仅鼎力促成“人力资源科技商会、人才联盟”的成立，为科技创新企业的人才发展提供了帮助。而且成立嘉捷学堂，立足开发区，为新区企业提供全方位服务。嘉捷学堂依托产业聚集优势，汇聚众多知名企业和精英人士、理论学者，帮助企业和个人提升核心管理实力。为企业和个人传递信息，分享实践。如今的嘉捷学堂的党建创新项目已经获得了北京市“党建创新孵化工程”，嘉捷学堂也被开发区工委授予“党建先锋部落”。

2014 年年底，嘉捷企业汇和清华校友会共同举办了 2014 年清华校友创业行 · 亦庄站活动。百余位清华海外校友带着七十多个项目归国创业。据任彤介绍，清华校友总会每年都会组织海外校友归国创业的活动，在京津冀一体化的发展背景下，将那次活动选在开发区是希望可以通过金融、科技等方面的对接，将海外归国人才的创业项目在这块热土上进行落地，依托开发区的创新创业环境，打造创新创业基地。经过任彤团队的不断努力，目前，嘉捷企业汇已经与清华校友会总会建立长期战略合作关系，共同打造了开发区的创新创业基地。

勾勒蓝图　掌门人解读“嘉捷企业汇”

对于嘉捷企业汇，任彤有着有别于常人的感情。如果让他来解读这五个字，他会倾注更多的内涵。因此，他认为，“企业”代表嘉捷的服务对象，“汇”是嘉捷对于中小企业产业经济发展的深刻认识；园区企业聚集发展、产业资源聚集服务、区域经济聚集发展，则是产业经济从生长、发展到强大的必然过程。

对于科技园区的发展，任彤早已有了新的想法。他判断企业服务市场的空间依然很大，所以将仍以开放性创新为根本，继续带领企业“走出去”，这也是嘉捷寻找新的商机的途径。不管是廊坊、南昌，还是澳门，都留下了任彤团队的足迹。在任彤的带领下，公司一批批优秀、精干、稳定的管理团队，分别在各自的领域做出了卓越的成绩。销售管理团队（北京嘉捷企业汇房地产经纪公司）冲锋在前，赢取了众多客户资源；服务团队从政策扶持到金融服务（北京明漫克斯科技有限公司）、人才服务（嘉捷学堂）、物业服务（北京嘉捷企业汇物业服务有限公司、资产管理部）等全方位发力，成为了客户的贴心管家；财务运营团队（嘉信金和股权投资管理有限公司）确保了公司资金的正常运转，

为节约成本开源节流，助力企业发展。

任彤常说，嘉捷企业汇要做满足政府招商条件，以创新型企业总部为主要客户的企业服务商，这里是政府和企业的桥梁。作为企业的伙伴，嘉捷企业汇提供空间——他们创新资源集成机制，致力于对企业提供公共服务；拓展与企业建立联系的渠道，以企业家俱乐部的形式形成稳定的客户群，形成长期发展的核心竞争力。作为政府的助手，嘉捷企业汇通过扩大招商范围，实现产值税收任务，持续建设企业园区，协助宣传地方经济发展方针、配合落实政府的优惠政策。

➢企业家感言

我认为，无论是在开发区的人还是做开发区的人都拥有着正向的心态。我们从拓荒者到建设者，一直充满希望地在这块热土上耕耘。作为着参与建设者，我能感觉到管委会的辛苦和艰辛。我们一直在变化，这些年唯有“变化”是不变的。但凡是变化就要有付出，适应变化都比较难。因为处在改革深水区，变化就要冒风险，我们在变化中求发展，政府如此，企业自身发展也是这样，不断的摸索和获取，这一点很有趣。每个人都有一辈子，我们这一茬人的一辈子是多彩的，因为很难有一年是不变的。如果需要凝练出几个词的话，那么一个是变化，一个是担当，最后一个是兴奋。

王教凯：
温情教育践行者

企业家小传

王教凯，高级教师，现任人大附中北京经济技术开发区学校校长，大兴区政协委员。2004年，王教凯同志通过北京市人事局人才引进到人大附中工作，先后担任教师、班主任、年级主任、高中部主任、副校长等职。2016年1月，北京市经济技术开发区与大兴区教委联合引进王教凯同志到人大附中北京经济技术开发区学校担任校长职务；2017年7月，大兴区亦庄中学并入人大附中北京经济技术开发区学校；2017年10月30日，人大附中北京经济技术开发区学校加入人大附中教育团队，更名为人大附中北京经济技术开发区学校，并形成一校三址的新格局。先后荣获北京市紫禁杯优秀班主任一等奖、国家级骨干教师、“亦麒麟”第二届创新工程领军人才、十三五科研课题优秀实验校长等荣誉。

创兴创亦 人才聚首
2017“亦麒麟”第二届新创工程领军
第七届“博大贡献奖”评选发布

我希望有这样的教育："让每一位孩子都能自由舒展他们的生命。让每一位老师都能以父母之心，行育人之事，有尊严，体面地做教育事业。让每一个家庭都有能力培育自己的孩子，让'寒门再难出贵子'永远没有成为现实的土壤。让每座校园都是一片净土，没有欺凌与阴霾，只有宁静祥和，绿树蓝天。让每位校长都能拥有广泛的办学自主权，都能按照自己对教育朴素而又美好的理解，以专家身份全力以赴投身教育事业，从而在全社会受到普遍而恒久的尊重！"说出这段如诗话语的时候，王教凯的眼睛中闪烁着光芒。职场半生，他从未离开过教育事业。

2016 年 1 月，带着对教育梦想的执着追求和对教育事业的深厚感情，王教凯来到了亦庄，担任人大附中北京经济技术开发区学校校长。彼时，他已在人民大学附属中学工作了 12 年，从一名普通数学教师，成长为分管教学的副校长。

2017 年 7 月，新官上任为期尚短的王教凯，身上的担子又一次加重，原亦庄中学合并入北京二中亦庄学校。两校融合困难重重，王教凯顶着各种压力，坚定地实施着他的教育理念，带领两所学校从软件到硬件，都往其理想中的样子发展。

一面是学生眼里亲切慈祥的"王爸爸"，一面是行事坚决果断的"王校长"。所有对孩子有好处的事情，他都愿意去做。

满足教育情怀

也许，每个人在每个阶段都有想要完成的事情。从潍坊到济南，从济南到北京，再到的如今从人大附中到亦庄，王教凯的人生轨道一直都在调整，但似乎第一阶段又都顺理成章。

“选择来亦庄的想法其实很简单，人大附中工作了那么多年,我在希望可以学以致用,根据自己多年的经验、对教育的感悟，做出自己想象中的教育。”王教凯如些解释他的这次轨道调整。

提起亦庄，人们首先想到的是高新科技企业聚集地。

不错，因为汇聚了全球 80 余家五百强企业，高新技术无疑是亦庄人的骄傲。然而不得不承认的是，经济迅猛发展的亦庄，教育仍处于发展阶段。当初选择离开人大附中来北京二中亦庄中学工作，王教凯的决定几乎所有的家人都反对，实际上，王教凯也经过了强烈的思想斗争，但最后，他还是坚信，只要方法得当，成功的教育经验是可以复制的。

来亦庄之后，王教凯对北京二中亦庄中学进行了一系列大刀阔斧的变革：变教育方式，引入导师制，提高教职工待遇……王教凯不但将把人大附中的优秀办学理念、管理经验和优质资源引入学校的工作中，也为为学校师生搭建一个高水平的学习交流平台。在王教凯的感染下，来亦庄做报告调研的名师专家多了，来自人大附中的团队协作多了，教职员工也对工作投入了前所未有的热情。

2016年，王教凯作为亦庄公共服务领域唯一代表，获得了“亦麒麟”人才称号，主持人在介绍词提到，王教凯的到来，为亦庄的教育带来了变化，亦庄人对教育有了信心，无数扎根在亦庄的企业员工子女上学有了希望。

2017 年，北京二中亦庄学校荣获北京优质学校称号。

这些肯定与荣誉都是对王教凯莫大的肯定与鼓舞。“选择亦庄，更多的是一种教育情怀。踏踏实实做教育，让家长满意，让大家看到学校的变化；按照内心的感觉去做教育，将理想中的教育变为现实，是我现在正在做也是未来将要长期坚持的事情，我希望在未来，教育也能成为亦庄的骄傲。”

帮助亦庄发展教育，在亦庄形成教育高地，让亦庄的孩子享受高质量的师资教育，培训成更多优秀人才，是王教凯目前的人生愿景，他想用“温暖”来描绘这张愿景的蓝图。

实现温暖教育

从调任亦庄那天起，王教凯便开启了自己的“留校”生活，一周七天，王教凯至少有四天是全天守在学校里的。

大到解决教职工住房问题，申请奖励补助，小到购买健身器材，生日里送上暖心的手书卡片。王教凯做了很多让教职员工感动温暖的事情。比如，每周一上午的特定时间，王教凯会与老师们聊天，了解他们的需求。他对自己有个不成文的规定，这一周老师提出的问题，他尽量一周内给与解决。

再比如，为了避免员工因故请假的麻烦，也提高员工的工作效率和积极性，王教凯推行了“人文假期”，员工每个月都可以选择有一天工作日外出办事的假期。

有人评价王教凯是让“校长”这个过去宣传栏上没有温度的照片，变成了在生活中时时传递温暖的个人。而教职人员对他最一致的评价也是：这个校长，是在认真办实事。

“我能让老师们的信任我，可能就是我是真正从教育一线过来的”。王教凯用两个字总结了自己上任后的首要工作：温暖。

长期的一线教育生涯，让王教凯在办学上更务实，更能想教师之所想，他说自己也是有私心的，只有先付出，才能有回报。“温暖是互相的，给老师们温暖的同时，也感受到了尊重，实际上也是在凝心聚力，激发大家的工作热情。大家的集体荣誉感增加了，就更能好好工作。”

这份暖意同样也传达给了学生们。

2017 年 3 月，“一场我和校长有个约会——校长邀你共进午餐”的活动在北京二中亦庄学校悄然开展，活动一发通知，半小时内，校长办公室里就挤满了报名的孩子。

“校长对我提的意见很重视呢，我看到他都记到本子上了！”

“我真的十分期待初三，那时我就能够再次在饭桌上看到校长那慈祥、温暖的笑容！”

这些话都出于学生们的肺腑之言。熟悉了之后，学生们甚至亲切地称王教凯为“王爸爸”。王教凯对这一称呼颇为骄傲。如今，这项活动也成为北京二中亦庄学校的校园文化的一部分，被一直保留了下来。

对王教凯来说，和学生们共进午餐的时光，是经验的分享，也是听取建议的过程。“学校，是孩子的学校，我们全体教职员工是为孩子们服务的，学校办得怎么样，孩子们应该说了算。”

王教凯认为，一所真正的学校，其实就是一个温情的校长带着一群有温度的人，干着一件温暖的事。办温暖的、负责任的、舒展生命的幸福教育，也是他长期坚守的行为准则。但在坚守的过程中并不是一帆风顺的，只是他从未想过要放弃。

为理想，不畏险阻

“好的教育一定是社会、学校、家长、孩子，多方共同努力下的结晶，我想在我的能力范围内，尽量做得更好些。”王教凯总是希望大家都能认可他的理念，但事实并非如此。说起来，在亦庄工作的这两年，很不容易，很艰难。且不说家人的不理解与反对，环境的变化，各方面关系的变化等等都是横亘在王教凯面前的具体问题。但他一直在坚持，劝自己说，这是必不可少的成长，要把它当做一种锻炼。每次遇到困难时，他都会以“不忘初心”提醒自己。

对于各种困难挑战，王教凯从不胆怯，虽然其中有一些不太美好的回忆，比如曾一度让他陷入困境的“食堂危机”，至今让他历历在目。

2017 年 7 月，原亦庄中学合并到了北京二中亦庄学校后，王教凯兼任两所学校的校长和书记，合并过程中问题颇多，食堂便是其中之一。

因为不是同一家餐饮公司管理，本部食堂和北校区食堂的做饭质量和口感完全不同，在没有对比之前，家长、学生已经有了怨言，有了对比之后，大家更是怨声载道。本部是对北京二中亦庄学校的称呼，而北校区则是新合并而来的亦庄中学，“王教凯当时郑重地跟北校区食堂负责人说，食堂必须要得到老师和孩子们的肯定，饭菜质量必须提高，至少不能比本部食堂差。

遗憾的是，王教凯反复与北校区食堂强调要根据师生口味要求改进后，收效都甚微。为此，王教凯在北校区就食堂问题，进行满意度问卷调查。调查之后，王教凯惊觉，师生对食堂的满意度已下降至20%不到。在仔细研读完合同后，王教凯下定决心，解除合同，重新启动招标，保障师生的正常的饮食生活。

然而令他没想到的是，解除合同后，原食堂承包单位用各种手段向学校表达不满，给王教凯施压。情况严重时，王教凯还会收到匿名的恐吓电话。食堂里的桌子上也被铺上漫骂他的横幅。作为一名连脏字都羞于出口的教育工作者，王教凯倍感压力。

“不仅如此，原食堂承包单位坚决不撤出学校，放任员工在学校里闹事。秀才遇上兵有理说不清。王教凯心里特别难受，

想不通他们为什么这么做，但是这个决定从长远来说是对孩子对学校有利的事情，他告诉自己一定要坚持下去。

生活和工作中，大部分人只看到了王教凯温和，善良的一面，别有用心的人，就会把他的这些特点认为软弱可欺。但实际上，遇到问题时，王教凯是一个原则性很强的人。“很多事情可以商量着来做，但如果触犯了底线，我是很强势的。在工作上，我的底线就是保障学生和教职员工的利益。因此，在保证大家吃好这件事我无论如何也要对抗到底。”最后，正义战胜了邪恶，在这场“食堂危机”中，王教凯打胜了漂亮的一仗。也让所有人感受到了他身为校长的威严，以及为学生及教职员工争取权益的决心与毅力。

其实，在凛然正义面前，私心难结恶果，从成为老师那天起，王教凯便对教育倾注了无私的专注。

“在我的经历中，我已经习惯于一步步地努力前进。直到现在，我也习惯于沉浸在努力中了。”王教凯年少时的想法就只是当一个最好的老师，在教书育人这件事上，他从未有过私心。

上世纪 80 年代，师范毕业后的王教凯被分配到山东潍坊郊区的一个学校当数学老师，初来乍到，王教凯甚至还被顽皮学生蓄意“碰瓷”过，可无论遇到多么叛逆的学生，王教凯都愿意付出比家长还强大的耐心和关心。

很快，王教凯就像沙滩上的金子，在阳光下闪闪发光，被更高的平台看中，从潍坊郊区的中学被调到市区中学，那时候他只是数学老师，没有业务工作，也不知道什么叫做累，为了更好地带学生，他埋头做学问，把所有能找到的数学题都做了。调到市区不久后，王教凯又因获得山东省优质课一等奖，转入济南外国语学校，从一般老师升职做教务主任长，后来成为校长助理，再后来成为负责教学的副校长。就在人们以为他会长期留在这里工作的时候，王教凯出人意料的选择当“北漂”，前往北京，让一切又从零开始。

“或许我天生就是一个不安分的人，总是在跟自己博弈，那时候就想看看最好的中学是什么样的，所以就义无反顾地来了北京。”

回首看，不安全的王教凯，却始终专注在教育这条道路上，而且走得并不轻松，无论是当年离开山东来到北京，亦是如今从人大附中来到亦庄学校，他最后都是选择了走最艰苦的路。

“我深知我的成功都是来自于一步步的努力，然而事实也证明，通过努力，目标是可以实现的。”职场生涯看似无心插柳，但王教凯始终很清楚，自己的理想最终要流向何方。任何阻碍，都不会让他停止前行。

教育要润物无声

有人说，王教凯是均衡教育的实践者，也有人说，他是温暖教育的拓荒人。而于王教凯自己说，他更希望通过努力，让教育像大树一般生根发芽。

“教育就像是一棵树，文化就是它的根，我们要扎根优秀传统文化。老师是树枝和树干，课程是开出的花朵，而学校活动对应的则是树上的叶子。”作为树枝和树干的老师，支撑着教育这棵大树，托起孩子的未来和希望。学校的活动本身是一种形式，叶子生于枝干，光合作用又可以反馈教育这棵大树，不仅如此，活动反应的也是学校的文化。而教育最后的成果，对应着就是树上的果实。要培养什么样的学生，就是要在教育的大树上结出什么样的果实。

那么，怎么照料好这棵大树呢？

王教凯是一位称职的园丁，有着自己培育的窍门。首先，要有与时间同行的耐心，不能急于求成。其次，树要长得高大，就不能随意挪动地方，这也是提醒人们，需要有坚定的信念，换言之，教育是一种信念，甚至是一种信仰。

“如果说‘大树’一样的教育是外化于形，那么‘五自教育’则是需要人们时时内化于心”。“五自教育”也是王教凯的经验总结，包括自信、自由、自足、自省、自然。他喜欢用手指类比说明以便更好地分享给别人，大拇指对应着自信，即学习中要有自信，要有自信攻克难题；其次是食指代表着自由，他希望学生可以自由的发展，还有中指：自主；无名指：自省；以及小拇指：自然。

在王教凯特心目中教育不一定非得去说教，潜移默化，润物细无声，才是教育的最高境界。他始终提倡，功到自然成，让孩子达到自然成长自我完善。

思考理论，敢于实践。也有人评价王教凯，即使有天不做教育，去开餐馆，他也有能力做到行业内最好。面对这样的称赞，王教凯笑着摇了摇头说，“我还是只适合做教育”。

的确，王教凯几乎每天想的事情都与教育相关，一个好的学校，光有校长还不行，还要有一批优秀的教师队伍，校长只是作为教师队伍的领导者或者助推人。人们常说，校长是领跑人，而他，只想做好这个领跑人。“我希望有一天我退休了，能听到大家说，王教凯曾经为教育做过一些事，为亦庄的教育出过一份力。”并且他希望那时，会有更多的人和他的教育理念一样，并且可以超过他。

在王教凯的的教育生涯中，从没有放弃过任何一个学生，他教过的很多学生，依然与他保持紧密的联系。“他带的第一届学生中，有一个学生，每年都来看“三爸爸”，现在他早已为人父，还常向王教凯请教两个孩子的教育问题。多年过去，王教凯仍然像对待孩子一样，帮助自己教过的学生。

王教凯总评价自己是数学老师出身，不太会说话。但这也许正验证了最好的教育不是空谈理想，而是言传身教。

企业家感言

凝心筑梦三尺讲台，复归自然本真教育。不忘初心，敬畏生命，传承爱与尊重，情暖师生，向美前行；恪守使命，奋战一线，牢记立德树人，引领师生读书、悦己、肩负未来；守正创新，大胆改革，锐意进取做真教育，引领师生发现开启美好人生的精神密钥，这是我所梦想的理想教育境界。

王猛：中国机器人产业的璀璨新星

企业家小传

王猛，1981年出生，2010年10月加入中国共产党，现任哈工大机器人集团（HRG）总裁、HRG特种机器人事业部董事长，兼任北京联合大学机器人学院客座副教授。2010年在哈尔滨工业大学取得博士学位，师从中国机器人之父蔡鹤皋院士。曾发表SCI、EI核心期刊收录的专业论文6篇，获得国家国防专利9项，其中2016年度国家国防专利7项。2017年度获得北京经济技术开发区第二批“亦麒麟”领军人才奖。

从设计机器人到推广产品，从工程师思维转化为市场思维——哈工大机器人集团（HRG）总裁、HRG 特种机器人事业部董事长王猛，兼任北京联合大学机器人学院客座副教授，这个戴着黑框眼镜，不苟言笑的 80 后与机器人之间的缘分已经有 19 年。

与机器人结缘

早在 1999 年，18 岁的王猛被哈尔滨工业大学机械设计制造及其自动化专业录取，从此走上了和机器人相伴的道路。

初生牛犊不怕虎，打一入专业开始，王猛就想在智能制造方面有所建树。在学校期间，他带头完成了仿青蛙跳跃机器人、热轧带卷喷印机器人、双足并联机器人等多个创新项目。那时王猛还对空间机器人感兴趣，该技术受国外技术垄断。技术的垄断扑不灭少年的探索，王猛当时就下定决心，要自主创新，研发出新产品、新技术，打破国外技术垄断。

2009 年，王猛在哈尔滨工业大学（HIT）取得博士学位，师从中国机器人之父蔡鹤皋院士，曾发表 SCI、EI 核心期刊收录的专业论文 6 篇。博士毕业后，王猛进入航天一院中国运载火箭研究院工作，后任某重点型号总体工程组组长，并在此期间获得高级工程师职称。

王猛再次和机器人亲密接触，是在5年之后了。2014年，HRG决定在北京成立特种机器人事业部。与年少时的梦想相遇，重新点燃了王猛对于科技的探索热情。他放弃了铁饭碗，主动承担起建立HRG特种机器人事业部的工作，主研与公共设施服务相关的机器人，在公司人员少、工作量大，且没有借鉴经验等不利条件下，仅用一年时间，使团队成员突破百人，公司迅速进入正常运转状态，建立了完整的公司构架和职能以及完善的营销体系。陆续完成了智能光伏运维系统、安防机器人、爬壁机器人等先进智能装备的研制，多应用在消防、防恐、安检等领域。此期间，王猛获得了国家国防专利9项，其中2016年度国家国防专利7项。开展了面向地面、航空航天、船舶等军工领域的产线智能化升级改造项目。公司现已发展成为北京经济技术开发区（2025智能制造示范区）的重点扶持及标杆企业。

以往没开公司，研发怎样的机器人全靠个人兴趣，但成立公司了，产品就必须适应市场。在推广自主研发的管道机器人过程中，王猛团队认识到面向市场、了解市场的重要性。

做喜欢的事　就是一种幸福

HRG 特种机器人事业部成立之初，以王猛为首的创业团队核心人员大部分来自哈工大，秉承“规格严格、功夫到家”的校训，团队成员素质过硬，技术和业务方面有丰富经验，在有一技之长的同时，王猛还推崇“工匠精神”和践行“特别能吃苦、特别能战斗、特别能攻关、特别能奉献”的哈工大航天精神。这都为 HRG 特种机器人事业部的业务发展提供了文化支持。

创业对于别人兴许是艰难的，痛苦的，但对于兴致满满的王猛来说，他只是一直在做自己热爱的事业，并且这个事业恰逢其时，市场上有用大量机遇，与时代发展契合，公司一路走来可谓顺风顺水，不仅带给王猛，也带给整个团队强烈的成长感。

相对于效益而言，王猛更看重这种成长感，以及同事之间的相互成就。在一个自我迭代飞速的行业中，始终保持进步，这带给王猛极大的信心，想要争做特种机器人行业里的龙头企业！三年多来，王猛在朝着这个方向努力的同时，也为整个 HRG 特种机器人事业部肩负起了更多责任。

在运营方面，HRG 特种机器人事业部充分发挥 HRG 的平台优势，按照“小企业为王”的运营思路，聚焦关键环节，充分整合外部协作资源，抓核心技术，抓市场渠道，迅速拓展业务。通过开放布局，HRG 特种机器人事业部与技术研发、生产制造、工程施工等领域的业务伙伴建立了广泛合作。经过三年的布局，基本形成了成熟的协作体系，建立起了强大的科研体系与产业优势，形成了以北京为业务中心，在岳阳、天津、西安、广州、马鞍山、南宁、沈阳等地设立多个研发和产业基地，完成了全国性战略布局。

面临众多机会，王猛要求 HRG 特种机器人事业部明确业务选择的条件：一是市场容量足够大；二是细分领域足够强；三是预期收益足够好；四是成长性足够远。在具体操作上，强调项目的市场和技术论证，选择高附加值、高竞争门槛的环节，主要是核心技术、核心产品、核心软件，以及市场品牌；其余业务外协留给合作供应商完成。

攻坚克难，打造核心产品

王猛通过对行业的敏锐洞察，结合哈工大的行业积累和国家需求，组建了一支战斗力很强的研发团队——HRG 特种机器人事业部，在多个细分领域开展研发工作，经过多轮技术更新与迭代，逐步研发和生产了一批涵盖“陆、海、空”特种应用领域的 5 大类 10 余项机器人产品。

比如近几年来比较热门的无人机，HRG 特种机器人事业部通过自主研发开发了完全自主产权的工业级无人机系列品牌 PloughUAV（北斗无人机）。在原有的无人机平台的基础上，引入机器视觉等人工智能算法等技术，可以面向多个行业提供飞行服务、无人机系统集成、基于行业数据采集分析的物联网系统平台。

在通用无人机的基础上，他们还专门打造了明星产品。主要有长航时垂直起降固定翼无人机“天玑 I”和“天玑 II”。例如，“天玑 II”可以在电池动力下实现两小时的超长航时飞行，实测的实时高清图传可以达到 50km 以上，非常适合线路的巡检。垂直起降固定翼无人机“天玑”，兼顾了旋翼无人机和固定翼无人机的优势，起降不需要跑道、可随时悬停，续航时间长、飞行速度快、航程远、飞行高度高，自动巡航、安全性高。主要应用于铁路、电力、石油等环境复杂的线性作业领域。

除此之外，王猛还重点打造了一款特种作业无人机——AE70 型复合式固定翼无人机。这款无人机是目前市面上重量最轻的复合式无人机，起飞重量小于 7 公斤，定位于多数行业应用的初级需求，采用模块化设计，结构连接面均采用结构 - 电气一体化快速连接设计技术，装配及分解极其简单、使用灵活、经济性好、部署快速，无需飞手执照（视距内作业）。可携带高像素数码相机或光电吊舱，能够持续飞行约 90 分钟，可在国土资源、电力、石油等行业应用，是一款具有较好用户体验的轻小型工业无人机产品。

除了重点攻克的无人机行业，在其他机器人方面，HRG 特种机器人事业部也不甘人后。

比如他们专门为建筑、装饰制造等行业打造的一款玉石加工智能柔性生产线，将生产模式从“集中式中央控制”向“分散式增强控制”改革，使加工走向大规模个性化定制，大大缩短了产品上市的时间，实现灵活性转变。通过自主开发的智能调度控制系统联通出库、雕刻、抛光、入库等玉石加工流程，根据客户需求定制生产流程。

在他们的设计当中，还有一款荣获了 2018 年德国红点设计大奖的明星：协作型机械臂 T5 机器人。这款机械臂可以进行人机协作，专门为了中小制造企业设计，可以适配多种行业的柔性化生产线，完成搬运、分拣、涂胶、包装、质检等工序。

从无人机、水下机器人、查验类机器人到安防、消防、排爆、武装打击，王猛和他的 HRG 特种机器人事业部涉及领域囊括了能源、电力、公安、消防、武警等行业，具备为自动喷涂、装配、钻铆、焊接、冲压、仓储等自动化设备和产线智能化升级改造服务的能力，旨在提升军工行业及大型国企的生产效率和加工制造水平的同时，为公共安全智能化建设提供有力支持。

这是王猛的心愿，也是王猛正在行走的道路。

凝心聚力启新篇

前路艰辛，然耕耘不缀，必见成效。经过三年多的发展，HRG特种机器人事业部在自身建设、技术和产品研发、战略布局、品牌推广等方面取得了显著成果。这些成绩的取得离不开北京经开区的大力扶持,也离不开王猛和团队对产业和市场的精准把握。

面对智能制造与机器人行业风起云涌的大环境，作为起步较晚的创业企业，王猛带领团队，通过打通技术渠道和市场渠道，积极对接资本市场，营造了良好的创新创业生态，成功孵化了军立方、沈阳特种等十余个项目，实现了产业发展的规模效应和集聚效应。在 HRG 机器人产业生态圈的支持下，发展迅速，业务初具规模，积累了系列相互支撑的核心技术，在行业内有了一席之地。在智能制造领域，先后立足提升行业生产效率和加工制造水平，提供具有国际领先水平的机器人产品，如爬壁机器人、侦查排爆机器人、特种无人机、安防机器人、工程机器人等，为自动化成套装备及生产制造智能化提供整体解决方案，在王猛等人的努力下，已将企业打造成集设计、开发、制造、售前售后一体化的高科技企业。

在搭建机器人创新创业平台同时，王猛还积极参与公益活动，多次参加青年创新创业交流活动，为有志创新创业的年轻人们做经验分享和创业报告，此外对有兴趣进行机器人研究的高校学生提供学习和实习平台，定期举办机器人技术相关培训讲座，并赞助了 2016 年全国机器人创业大赛，努力使集团及特种机器人事业部成为优秀人才、团队的创业试点平台。

此外王猛带领的哈工大机器人集团（HRG）积极响应国家智能制造战略规划，聚焦自主核心零部件领域，集中精力研发基本被国外企业垄断市场的精密减速机产品，经过团队不断攻坚克难，越过一道道技术难关，研制出具有自主知识产权和自主创新性的精密摆线针轮减速机。

HRG 多次参加世界机器人大会、慕尼黑国际机器人及自动化技术博览会（AUTOMATICA）、中国—南亚博览会等国内外展会，并成为参会展商中的焦点，品牌影响力大大提升。

在王猛心中，做着自己最爱的机器人事业，他没觉得有什么困难是不能克服的。他信奉王阳明说过的两句话。一句是，知之真切笃实处即是行，行之明觉精察处即是知。知行工夫本不可离。讲的知行合一；第二句是，志不立天下无可成之事，虽百工技艺，未有不本于志者。“人这一辈子能找到自己擅长的领域，完成个人使命，是件幸福的事。”

王猛计划在未来更加注重产品运营，解决技术到产品的最

后一步转化问题。

秉信前行，聚力争先

从无到有，创业的路注定很艰难。三年前，HRG 特种机器人事业部只有王猛一个人，一个人的团队，刚开始什么都要自己做，小到桌子板凳，大到薪酬条例都要自己完成。每当王猛回想起创业之初的场景都会不禁感叹，“真的很难！”没有团队，没有捷径，白手起家，靠着个人的努力和超人的勤奋，日夜工作，最终打开了局面。

一人打开局面，逐渐有许多人加入，从 1 人到 2 人，再到 10 人、11 人，现在 HRG 特种事业部拥有员工过百人，吸纳了北航、哈工大、北理工等高技术人才，组成了一支集聚智慧、力量与韧性的高水平团队。

开辟一项新事业，对团队的每个人来讲，都是脑力与体力的双重考验。2015 年团队研制的爬壁机器人，用三个月的时间就做出来四代产品，适用于从货车车厢狭小空间内检查车内是否有违禁物品，多应用于海关等场所。当时团队只有四个人，那段时光大家几乎白天黑夜都在办公室度过。虽然辛苦但团队成员从未后悔。终于产品研制出来了，辛苦有了回报，大家心中都满满是成就与自豪。

王猛说，国家在大力推动高科技产业发展，创新型企业迎来了快速发展的机遇，他所搭建的 HRG 特种机器人平台，不但实现了技术攻关、科技成果转化；另一方面，一个优质平台更是源源不断的吸引着更多的高层次人才的加入，同时也使外部企业争先抛出合作的橄榄枝。这对于经开区的运营环境来说是个优质的经济源点，于机器人行业来说更是推进产业生态圈的良性循环。

创业是艰辛的，有人因为害怕这种艰辛，而不敢迈出第一步；也有人在困难和失败面前选择了放弃。王猛认为，生活是公平的，只要坚持下去，就一定会有收获，即使最后失败了，也获得了宝贵的经历。人工智能的新一轮浪潮来临时，抓住机遇找到专业兴趣爱好和工作事业的结合点，为产业和社会做点事，这是多少人一生所求，自己是幸运的。

同时，作为 HRG 总裁，王猛也为整个集团发展肩负起了更多责任。现在，HRG 在机器人行业取得了令人瞩目的成绩：在智慧工厂、工业机器人、服务机器人、特种机器人等领域培育出 40 余个潜力突出的科技创新企业，申报专利 1400 余项，推出了 20 余类、100 余种高新技术产品，在工业机器人教育、锂电生产智慧工厂、文娱机器人等细分行业培育出了龙头企业；拥有员工近 2000 人，形成全球化产业布局。

人工智能、军民融合具有不可估量的发展潜力，未来，王猛将继续带领着团队奋斗，致力于将 HRG 打造为中国科技成果转化的领军企业和中国机器人产业生态圈的缔造者，按照 HRG 模式创造全新的机器人产业业态。“聚天下力、争世界先”，在世界范围内的工业革命浪潮下，王猛对于自己和企业发展的格局并不限于眼前的成果和利益，而是致力于面向世界市场、在机器人行业中取得优势话语权，立志引领中国机器人行业走向世界一流。

企业家感言

作为哈工大机器人集团（HRG）创始团队成员，2015 年我来到新区成立 HRG 特种机器人事业部时，在人员少、工作量大，且没有借鉴经验的不利条件下，仅用不到一年的时间，使公司迅速进入正常运转状态，团队扩充至突破百人，建立了完整的公司架构和职能以及完善的营销体系，完成了集团在华北地区的市场拓展和产业布局。

其实能够在短时间内取得成功，明确企业的发展方向至关重要，首先要以国家及地方政府发展目标为导向，响应国家“中国制造 2025”等发展政策以及北京市政府发展高端智能制造装备的发展要求，将公司定位在服务国家安全及国防军工领域，在此方向上以高端智能装备需求为牵引、以技术研发与创新为手段，大力推动技术研发成果。

经过紧张而富有成效的技术研发，公司逐渐掌握了高端智能装备研发所涉及的核心关键技术，形成了具有创新精神及强大战斗力的技术研发团队，初步建立了面向市场的产品体系。那么在打造公司的核心产品方向上，也要明确方向，例如轻型机械臂将成为中国制造业经济转型发展的新思路，于是将人机协作、多机协作以及柔性化制造的理念充分融合进产品未来开发思路中，让产品和互联网进行深度融合，瞄准工业互联网应用，在工业制造领域逐步开拓市场，创新人机协作的新模式，目标是将新型协作轻型机械臂打造开发成国内一流、国际领先的实用型与概念型兼具的产品。

另外在特种机器人领域，更要时刻把握重点市场需求及发展方向，主要打造特种移动类机器人，重点开发积累防爆技术、人机工程技术、高可靠性技术等，促进地方经济，助力发展公共安全事业，目标成为国内领先、国际一流的智能制造及装备研发生产企业。

王晓洁：
理工帝国的人文情怀

企业家小传

王晓洁，大连工业大学食品工程系学士、北京大学经济学院EMBA。北京经济技术开发区“亦麒麟”领军人才。在医药行业工作20余年。曾任贝达药业副总裁。2015年与合伙人共同创办北京加科思新药研发有限公司。

许多人都向往着自己能够生活惬意，举止优雅，然而真正的惬意来自于对自我生活的把控，而优雅则来自于对生命的至切关怀。王晓洁就是这样一位女子，她不仅把自己的生活过得从容雅致，还把这样的气质带到了创业的职场中，给一个冰冷的理工帝国，添满了暖暖的人文关怀。

从“甜”到“苦”毅然踏入新领域

王晓洁是怎样的一个女子？

生长在美丽的松花江畔，见惯了“一江春水碧，两岸雾凇凝”的独特景致，以及查干湖冬捕的壮观场面。北国江城肥沃的黑土地，给了王晓洁质朴的性格，更给了她自信和从容。在她的身上，既有空天烈风赋予的粗犷率真，又有白水黑土养育的温和亲切。

1963 年 11 月，在吉林省松原市的一个县城，王晓洁降生在当地很著名的一个高中数学老师家里，她是王老师家的第三个孩子。

王晓洁的父亲非常温和，说话耐心风趣，对子女永远是欣赏的眼神。即使孩子们的学习成绩下降，也是用长远的目标激励她们克服困难，从不挫伤孩子们的自信心。儿时的王晓洁记忆深刻的是查干湖的冬季特别寒冷，可父亲却让家里四季如春。母亲则要求完美，不仅对孩子举止要求严格，还通过家务劳动的分配与检查，培养孩子们自立自强的品质和井井有条的生活管理能力。尽管当时的居住条件很差，物质极为匮乏，但母亲总能应对自如，家里无论何时总是井然有序。

在这样的家庭氛围里长大，王晓洁性格随和，但做事却有条不紊，竭尽全力，注重从长远的眼光思考发展的问题，以至于她在创业之后，偌大的公司，繁杂的工作，总能从容不迫。

1982 年，王晓洁通过高考进入了大连工业大学，就读食品工程专业。系统学习了化学分析、化学工艺，机械原理、机械制图等有着广泛应用领域的课程。大学里知识的积累，构建了逻辑思维和形象思维能力，奠定了王晓洁专业发展的方向，担任学生干部及社会实践活动已展露出她作为女企业家的潜质。

1986 年大学毕业，王晓洁先是被分配到了吉林省制糖厂技术科，主要负责监测排放是否超标。工厂特别大，是当地的支柱型企业。作为正儿八经的大学生，王晓洁到企业后经常被宣传部门借调，当时工厂经常邀请国家级劳模和先进个人来演讲，王晓洁负责演讲活动安排和活动报道，这不仅让王晓洁在撰稿方面有了很好的历练，与劳模及优秀人才的近距离接触更让她看到“山外有山”，意识到人生应该有更高的目标。

在毕业后的一年多的时间里，王晓洁不仅拥有了一份他人羡慕的好工作，并且完成了结婚生子这两件人生大事。

之后因为随军离职，回到了长春。在这个城市，王晓洁第一次接触了制药行业。“甜蜜蜜”的大工业化制糖行业，局限于纯工业的操作，没有让王晓洁感受到太大的兴趣，第一次接触“苦哈哈”的精密制药行业，却因其服务大众、治病救人的特定指向，让王晓洁眼睛一亮！由此，她发现了自己热爱的方向。从那时起，她已扎根制药行业二十余年，并愿意继续为医药行业奉献后半辈子。

王晓洁随军来到的是部队所属的一个制药企业。厂里来了一个专业对口的文化人！对当时技术人员短缺的制药厂来说，王晓洁的到来简直就是天降人才！领导当即拍板，直接让王晓洁进入管理岗位，利用专业优势，从事质量控制工作。王晓洁的亮相是从接触每个岗位的工作、向每个人请教交流开始的，她很快发现，由于每个人对工作内容理解不同、操作手法不同，同样的产品检验，质量结论竟会不同。为了解决这一突出问题，她从最基础的环节开始调研，亲自撰写所生产药品的质量内控标准及其实验操作方法，然后不厌其烦地给大家反复讲解，让大家清晰理解"标准化"管理，使内控标准及操作流程这一"治本"措施切实落地。虚心请教、身体力行的工作态度及出色的业务能力很快赢得了大家的信任，部门工作做一件成一件。不久，王晓洁就被提拔到了公司副总经理的岗位。王晓洁是幸运的，参加工作以来始终是被重用的，被重视的那个感觉，对于年轻人来讲就是动力。领导的重视和员工的认可，让王晓洁一路前行，从 29 岁开始更是进入了高管层里的核心区，成为公司里的三巨头之一。

1995 年，国家提倡领导干部知识化、年轻化，王晓洁被上级主管部门任命到长春一家大型制药公司担任副总，主要负责经营管理，重点是采购和销售。在这里，王晓洁接触到了全国的药物销售体系，面对全新的工作领域，她展现出踏实认真的工作态度和极强的学习能力。上任伊始用了三个月的时间跑遍了集团公司 20 多个办事处，对所有经销商和销售人员进行了面对面的访谈，在此基础上制定出可行的销售方案，当年公司就达到了盈亏平衡。那时国家还没有普遍推行社会保险制度，企业承担着极其沉重的退休金压力。每月销售回款先要确保在职员工工资，还要保证一倍人员的退休金发放，再保证原材料的正常采购，以确保公司运营。王晓洁感觉自己真的是“压力山大”啊。

1998 年，王晓洁被任命为长春春城制药厂做总经理，挑起这个 800 多人的老牌企业走出困境的担子。当时企业严重亏损，几乎没有正常的生产经营活动，企业连基本生活费都发不出，就像一片荒地荒废在那边。八百个人期盼的眼神，似乎都在问王晓洁：怎么办？

王晓洁几经思索又开始了她始终一贯的第一步：调研。通过查看企业的历史资料，发现企业本来就有几个不错的产品，只是缺乏市场开发而荒废了，她毅然决定把企业盘活。王晓洁千辛万苦贷到了 20 万元，重新启动了已经荒废了的生产线，挑选出市场用量大的药品开始生产，通过参加全国药品交易会扩大销售渠道。同时购买了一个当时是 3 类新药的抗生素产品，奔波于各省参与招投标，这番努力没有白费，企业很快就自给自足了。

短短几年，从未离开攻坚克难，这一切也奠定了王晓洁下一步的发展。

苦中作乐，与王博士一起创业

2002 年底，王晓洁的先生在北航完成博士后研究被留在了空军装备部就职。

王晓洁辞去了总经理岗位的工作，随军来到北京。春节一次偶然的同学聚会却让王晓洁有缘通过魏金峰结识了王印祥博士，打开了新的事业大门。

中国医学科学院药物所的魏金峰博士，是王晓洁父亲的学生，也是她先生的高中同学。2002 年 12 月的一天，在魏金峰的办公室，他介绍说：王印祥博士是我硕士同学，想要创办一个企业，你正好有企业管理经验，你们俩应该是比较能够互补的。一个月后王印祥博士再来京的时候，两个人的合作就正式拉开了帷幕。

因为王博士，王晓洁第一次听到了“药物研发”。过去在吉林省的时候都是药物制造业，没有听说过药物研发。在王晓洁的印象里，药物研发都是大学、科研院所或著名的大外企干的。这个机遇，使王晓洁彻底告别了医药行业的后端，从做仿制药走向了研发创新药的行业顶端。虽然仍在同一个行业，但这却是一个巨大的飞跃和改变。

一个有成熟的企业管理经验的王晓洁，一个多年深耕医药研发的海归博士，贝达药业的研发便拉开了大幕。

然而一开始创业，他们就遇到了诸多难题，王博士来自耶鲁大学，刚出博士后站，有着超前的创新思维和新药研发经验，但没有干企业的经验；王晓洁管理制药企业经验丰富，但初次接触到高科技类型的创新药企业，不知搭建怎样的框架才能支撑起一个公司的科研。

怎么办？摸着石头过河吧！

公司创立伊始，当时还鲜有民间资本进入药物研发领域，王晓洁说，很多人听说他们做新药研发就如同听到他们要制造火箭一样，认为是痴人说梦，“然而，我们却从未怀疑”。在她心中始终感谢这个阶段魏金峰给予他们的帮助。魏金峰有非常好的口碑，又在药物研发领域深耕十几年，人脉很广，在他的介绍下他们结识了众多药物研发领域的牛人，这带给他们公司发展极大的帮助。

刚开始创业的时候正赶上北京闹“非典”，公共汽车上几乎见不到人影，王晓洁跑到工商部门注册，和注册人之间隔着好大一张桌子，都不能靠近对方，但王晓洁没有因此而放假。

公司申请好了，资金也到位了，要试验药物，公司又面临着缺研究人员、缺场地的状况，因为当时中国提供药物研发的服务公司几乎没有。王博士在天坛附近医科院药物所租了一间办公室，想要借用药物所的研究体系开展实验，以期走上在美国普遍运行的委托研制之路。但很快就发现这样行不通，

药物所虽然有中国顶尖的研究团队，也有先进的设备，但因属于科研院校管理，当年还有寒暑假。一到寒暑假，实验就要停滞，项目的研究进展受到极大的挑战。新药研究对实验数据的可追溯性要求也极其严格，由于没有自己的 QA 部门，各学科的实验数据散落到各个相对独立的部门也遇到质量控制不规范的难题。

这段经历让他们意识到，新药研发绝对不能受制于人，一年后他们便在亦庄的创新大厦租赁了 200 多平米的实验室，之后的一年又增加到 500 多平米，随着研发空间的扩展，自己的研发团队也开始培育了。

没有公车，王晓洁的车就当成了公车。盐酸埃克替尼中间体放大，王晓洁已不记得往返了多少次位于石家庄的华北制药。

为了节省住宿费用，事一谈完就马不停蹄开车回北京。对于当时的辛劳，如果有人再问王晓洁的感受时，她都是极为爽朗地笑着说，真没觉得累，只是想把事做好。

初到亦庄，王晓洁就喜欢上了这里，幽静的居住小区，没有高楼遮挡阳光；路边种植的树木和花草，让每天走过的宏达北路就是一条景观大道，感觉更像一个温馨的小镇。这里又有很多的药企，人员构成简单，互相交流也便利。亦庄政府服务意识强，工作效率高，王晓洁选址跑了几天，政府工作人员就陪同了几天，这让她感觉到亦庄欢迎和期盼着他们的到来。

从 2004 年开始，他们随着公司的发展壮大，不断地扩大实验室也不停地搬家。从创新大厦 500 平米到 BDA 企业大道 1200 平米，再到北工大软件园 4000 平米，如今已是生物医药园的 6000 平米，他们的创业之路在亦庄这块热土上生根、开花，不断结出硕果。

2006 年，在王博士的支持下，王晓洁再次返回课堂，到北京大学经济学院的研究生班进行了为期二年的系统企业管理体系的学习。当丰富的社会实践经验在学习中得到梳理和提升，使得她又一次升华了自己。如饥似渴的学习冲抵了公司与校园间奔波之苦，每每回忆这次的充电，王晓洁由衷地说“太值了！”

药物研发是一条漫长的研究之路，临床前研究至少 3 年，临床研究至少要 5 年。

临床试验，贝达选择了比较专业的协和医院做为牵头实验单位，新药要进行临床试验，首先要通过医院伦理委员会的许可。对于只有几十个人，从未听说过的小公司来说，要和中国顶尖的医疗机构合作，几乎就是异想天开。王博士一次次的登门沟通，用研发数据说话，终于获得许可。

医生是最希望新药有效果的群体，因为他们见惯了病人的绝望，那种痛苦也深深萦绕在医生的心头，因此他们特别希望加入到新药的实验当中。经临床实验，医生们发现贝达的盐酸埃克替尼效果特别好，协和医院也一改之前对小公司贝达的看法，对他们严谨的科研态度特别认可。

2013 年，贝达创新药凯美纳——中国第一个自主研发的小分子靶向抗癌药物——成功上市，获得了国家专利金奖，国家十一五、十二五重大新药创制奖，被原国家卫生部部长陈竺誉为“民生领域两弹一星”。2015 年，贝达依靠盐酸埃克替尼的 10 亿销售额，登录 A 股进入资本市场，成功 IPO。2017 年，盐酸埃克替尼进入国家医保目录。

从心出发，再造一个新药帝国

对一个人来说，所期望的不是别的，而仅仅是他能全力以赴和献身于一种美好事业。

——爱因斯坦

十二年的时间，贝达已从创业初期的 2 人，发展到拥有员工 800 余人的大公司，以自主知识产权创新药物研究和开发为核心，是集研发、生产、营销于一体的国家级高新技术制药企业。而凯美纳（盐酸埃克替尼）的问世，不仅让贝达研发达到了世俗意义上成功，也使这个研发团队走到了药物研究的 top 行列。

但他们不是商人，也无意于世俗意义上的财富和成功。

2015 年初，王晓洁与王印祥博士再次决定共同创建落户于开发区的新药研发公司——北京加科思新药研发有限公司，“没别的想法，就是要利用多年从事新药研发的经验，破除前进路上的障碍，全力以赴投身于新药研制。”

加科思创立之初，目标就确定为解决在现有领域里，无药可治或者无法可解的病症。能够为广大患者带去希望，就是他们的理想所在。

整整行装，重新起航，王晓洁内心依然焕发出新的激情。

加科思的核心管理决策团队仅有 4 个人，其中 3 人负责技术研发，王晓洁则负责技术之外的其他管理工作。公司法务、财务、人才招募与激励……林林总总的琐事王晓洁都能管理的井井有条，保证其他成员能够毫无后顾之忧地投身科研开发。她深知研发硬件再重要也不如人才重要，随着公司迅速发展，王晓洁开始配合公司战略聘用更多的专业人才加盟，拓展和提升企业核心竞争力。

科研工作特别依赖于科研人员的质量，人才的“选用育留”更是对企业有着相当大的挑战。不仅要有科学家感兴趣的好项目，还要兼顾好有竞争力的人才的薪酬体系以及长期激励制度的建立。王晓洁从与国际猎头公司合作，到亲自去美国生物医药大会宣讲，再到建立内部推荐制度、指导公司网站的常年招聘，都精心策划，付出心血和智慧，有效促进了加科思的人才快速聚集。

海外有很多留学人才学成之后是愿意归国的，无论是出于实现个人专业理想，还是报效祖国的情怀，他们都希望能够回国创业或者工作。对于有创业想法的科学家，则面临着募集资金、组建团队、寻找实验场地等诸多非专业问题。加科思管理团队深刻感受到，科学家不是企业家，他们应该把精力放在科研上。针对这种状况，他们提出了以"平台+基金"的创业模式吸引海外人才、推进自主创新。这种模式类似于孵化器，却比孵化器更直接、更有效，加科思称之为"捆绑式助推器"。

科研型创新企业需要专业技术人员，也需要经济管理、法务等方方面面的知识和经验，这一无法回避的现实要求，导致很多科学家空有才华却无法成功。加科思的这种设计能够把企业家和企业的长处与科学家的长处融合起来，优势互补、互帮互促，让科学家轻装前进、更快成长。随着科学家想法的实现，公司得到更多在研产品线。

"现在这种全新的模式一方面为公司引入源源不断的新思维和人才，另一方面又为许多有想法却苦于缺乏资金的人才提供了实现梦想的平台。"

与此同时，加科思还为人才，尤其是海外人才，提供比他们在国外更好的综合待遇。体现尊重人才价值的薪酬福利标准、长期股权激励机制、更多参加参加国际会议的机会，提供国内住房等。王晓洁说，40 岁以上的科学家大多已经成为大公司里某个研究方向的专家，做出回国的决定非常难，更多的纠结是跟家人的分离。有的孩子还在读书，家人也有工作，因此，需要关注空间上的分离对家庭关系的影响。公司通过提供探亲假期，领导国外出差顺路家访、与海外归国人才亲属保持沟通联系等措施，平衡他们的工作与生活，让人才可以全身心地投入到研发工作中。

当然，公司的环境不仅仅包含文化软实力，配套的硬件部分也要让大家舒适。优雅是从内而外、浑然一体的。女人对细节的把握和权衡，弥补和丰富了男性创业者的不足。企业经营管理人员在专业、性格、风格的互补相得益彰，十几年的默契配合，促使团队成长迅速，公司规模已经发展到100多人，而且凝聚力不断增强。

走进加科思公司，风格极简而亲切，像是进入了一户人家。一进来就有敞开的办公区，集中的茶歇台，一边的壁炉在安静地燃烧。员工可以闲坐喝茶喝咖啡，可以随便聊一聊，利用闲暇时光头脑碰撞互相沟通。有 happyhour 的时间和空间来补充职场中的正式感和私密感，用公共空间营造精神上的放松和愉悦。

这看似简单的布置，凝聚了王晓洁无数的心血。

从选定大楼地址，到买楼、装修，王晓洁全程跑下来。大楼里用的洁具、家具，都是她跑遍全城，选定之后拉回来的。东西要物美价廉，安装、摆放之后要温馨整洁。选绿植，建壁炉，在洗手间里摆放小盆栽。王晓洁把企业当做另一个家，把自己当做女主人，把员工当做家庭成员，精心地设计着“家”里的一切。洗碗机、消毒器、净水器，样样齐全，去理发时发现一种小饼干觉得好，也要特地通知人买回来放入茶歇间里，供大家一起享用。在加科思未建好的新楼里，王晓洁还规划了员工的食堂，为团队提供更好的归属感。

在北京经济开发区政府的支持下，加科思已经有了下一步建立公司研发大楼的土地。目前加科思已经完成了平台搭建，投资6000万在亦庄生物医药园建立了6000平米研发场地。加科思在短短两年半的时间里就跻身前列，成为行业新秀。这背后靠的不仅是团队十几年的合作磨合，还有企业的文化助力。

生物医药行业如今也进入了春天。国家对高新技术企业的政策性支持使得加科思在人才招募上凸显优势；礼来亚洲基金、启明资本、高瓴资本等著名基金公司相继给加科思注入5亿多人民币，也使得加科思有了充足的资金保证。2018年初，加科思自主研发的抗肿瘤新药获得了中国 SFDA 和美国 FDA 的新药临床许可，如今已全面开展了临床试验。

“专业、共赢、优雅”是加科思的企业文化。王晓洁非常认同，新药研发不仅仅是一门商业科学，同时也需要一份优雅的人文关怀理想。加科思的新药未来还将同凯美纳一样，努力进入医保目录，让更多人直接受益。

加科思不断生长着的内生力量，既源自王晓洁和同事们的创新，而同时企业的进步也推动着王晓洁们不断成长，优雅与企业共生共存共发展。

企业家感言

个人也得有见识。要跟发展的比你强的人比，才能知道差距。知道差距才能进步，才能靠近。对于管理者来说，眼界、胸怀是同步的，有眼界才有胸怀。

中国老百姓需要更多的新药，做新药研发的人，要让老百姓看到希望。当你在探索的时候也可能无果，最后也没找出更好的解决方案，但是对患者来说，“还有可能”，有生的希望，对他们来说是非常巨大的精神支持。

公司有一个更深的价值，是要有社会责任感，兼顾社会责任感和企业利益。不能单纯为了利益去做事。

张晓冬：
为提升能力而创业

企业家小传

张晓冬，河北平山人，民建党党员。毕业于天津大学精密仪器系，获学士学位；2004年创建北京德鑫泉物联网科技股份有限公司，现任该公司董事长、总经理。撰写并获批9项国外发明专利，12项国内发明专利以及若干国内实用新型专利。主导了第二代身份证电子层生产及质检技术标准，同时指导设计了非接触智能卡生产设备的核心技术及工艺。设计开发了中国领先，世界一流的电子标签倒封装设备、双界面智能卡封装设备。

作为一个现实意义上的"乖孩子"。对数字和计算天生敏感的张晓冬一路幸运走来，在迈向社会的关键时刻，又幸运地赶上了物联时代，带着激情和梦想投身创业浪潮，创立了国内第一家物联网挂牌企业——德鑫泉。

不同寻常的印象

张晓冬，一位年轻且带有个性的企业家——时常背着一个时尚的双肩包，一双亮晶晶的大眼睛，身着深蓝色夹克，语速较快，动作敏捷，身材健美，充满激情与活力。

忙忙碌碌的张晓冬，深谙政治学习的重要，为了赶去参加下午北京经济技术开发区组织的十九大报告学习班的课程，他中午没有吃饭便从公司出发了，只在车上吃了便当。去听十九大报告辅导，他满心期待，心里充满对这个时代的感激，充满对共产党的信赖，满怀着学习的欲望和热情。而对于政治学习，还有蛮多的体会。十八大以来，党中央强化党建，抓到了关键，因为人是决定胜败最关键的因素。张晓冬把学习当作工作生活的重要内容，不断地学习，充实自己，提高个人综合能力和水平。

德鑫物联是张晓冬自己创立的公司，他既是技术研发者，又是团队领导者，而他的学历却只有大学本科，也没有留洋背景。

没有显赫的学历背景却干成了技术门槛较高的高科技产业，靠的是天分和努力。带团队呢，靠的也是悟性和德行。

张晓冬选择下海创业的动机似乎与众不同，他做公司不是为了赚钱，这话听起来似乎太过理想，但他确实这么想的，他追求的目标主要是为了提升能力。因为是理工科背景，一直是研究产品多、研究人少，而创业是一件最能提升能力的事。要做大做强企业，需要懂技术，会管理，还要学习销售，学习怎么跟人交往，还要有一定的人脉资源，身体还要好，还要能够在各个方向做好平衡，这完全是一种综合能力的体现。但这对张晓冬来说都不叫事，他对此颇有心得。

张晓冬认为创业中最关键的是情商管理，在创业的实践中，张晓冬逐渐积累了一些控制自己情绪和欲望的方法，并将其归结为精神修炼六步法：坚定信念，超脱自在，执中守一，活在当下，滋养灵魂，勇敢前行。他选择让自己做一个好人，不损害别人利益的好人，要求自己不说违心话，不办违心事，不做对不起人的

事，做过的承诺努力兑现。他相信在有些时候，选择重于努力，人生有很多选择，做事有很多选择，你用什么方式去做，动用什么样的资源，可能很大程度上决定了未来的走向。

人活的目的是什么？每个人都会有自己的答案，不过很多人的答案最后基本都会聚焦到幸福这个词上。对于“幸福”张晓冬则有着自己的选择与归纳：“人活着是为了幸福，那么幸福是什么？人类长期的需求的不断被满足的加权综合，就构成了幸福。”在他的人生信条中，幸福更关键的不外乎这样几个构成要素：

1. 心理健康，幸福本身就是一个心理范畴的概念，要幸福，首当其冲的就是要心理健康。

2. 身体健康。身体和心理是相互依赖的，一个好的身体，自然有助于一个好的心理和承载更好的未来。所以说最重要的是身心健康，而且要有一定的抗压能力。

3. 有能力去实现自己的想法。

4. 自然产生的那些你想要的满足普通意义上幸福的物质条件了。比如良好的家庭、工作、金钱、生活，等等，不一而足。

基于他对于幸福的理解，最近，张晓冬又给自己和团队总结了一套德鑫物联万能三步工作法：资料翔实，实事求是；归纳演绎，预测未来；抓住重点，尽心尽力，引导未来。

张晓冬这次把企业定位在“可以不可替代地让大众的生活变得更美好”，而德鑫物联的愿景就是，再用大概 10 年的时间，为全世界每人换发若干张有非接触功能的身份证和公交、银行、市民卡; 让全世界每一个百元之上的物品都拥有自己的身份证（智能标签）；再让全球的人和物能够通过德鑫物联的读写器和应用系统安全的和谐互动……

感恩亲情的守护

每个人的成长都离不开家庭环境的熏陶，张晓冬的世界带给他的是孩子般的幸福和满足。他的家庭亲情氛围浓厚，父母对他都特别好，所以对他的影响也特别大。张晓冬从小到大的成长过程始终有亲情的陪伴和守护，老爸老妈还有大伯三个人，在他不同的人生阶段接续守护扶持，他一路走来顺风顺水。

从小学到初中，母亲既是老师又是妈妈，双重身份，对张晓冬影响很大。老妈从小就教育他一定要好好学习，从小连跳了三级，幼儿园上了不到一年，就直接上了小学一年级。很小的时候，周围的人就说，这孩子将来一定会有大出息！

张晓冬是在石家庄河北师大附中读的高中，父亲连续三年每天中午和晚上专门给他做两顿饭，加强营养，学业上也认真指导，他的学习成绩取得很大进展。

高考帮着选择专业，又体现了父亲的智慧。父亲帮他参谋并选择了天津大学精密仪器系，实力非常强的系，系里有两个院士，在全国能排到前四名。其实，这不是重点，重点是父亲发现这里有张晓冬适合的专业。张晓冬在父亲指导下进入天津大学，精密仪器系专业，对口选择成功。由此，也奠定了他日后创业成功的学业基础。这个关键的决定命运的选择是他老爸帮着实现的，因此他心里充满着对父亲的感激和敬仰。

上大学后，父母就管不了太多了。但这个听话的孩子一直记着父亲的嘱咐：就是一定要把英语和计算机学好。即使之后的学业上，因为课业负担特别重，有些科目成绩不理想，但这两个方面的学科，始终都是张晓冬比较强的项目。

2004 年，这个优秀的大男孩要把世界当做锤炼自己能力的试验场，要去创业。这时候，老爸就一句话——有什么事去问你大伯吧。大伯在香港经商多年，成了张晓冬创业路上和人生履历里另一位重要的导师。

专注让天赋闪光

张晓冬最神的还要说他精算的天赋。高考后张晓冬给自己估的分和实际分数之间的误差只有 0.5 分，误差率仅有千分之五。

张晓冬比较善于计算，算出来的东西往往就能够实现。这个天赋是物联网创业的先天优势。射频识别（RFID）也叫电子标签，用到的主要技术就是算法，它是将物与信息形式连接到互联网的识别技术，是物联网的核心所在。

张晓冬从天津大学光学技术与光电仪器专业毕业后，进入天津环球磁卡股份有限公司。当时，环球和三星两家企业都想要他，张晓冬选择了跟环球签订协议，现在证明这步又选对了，但当时并不知道哪个更好。仅入职半年，张晓冬纯靠算法，没花一分钱就将设备速度提高了 60% 多，凭借技术完成了企业生产线的改进提高。也因为这次成绩，他获得了外资合作方美国太平洋航空技术公司的重视。不久，这家外资企业向张晓冬伸出了橄榄枝。

在美国太平洋航空技术公司工作的日子里，张晓冬主要负责把大量具有高科技含量的产品顺利投入到中国市场，再把客户的要求和问题汇总给设计师转化为设计。印象最深的一次，老板把一堆老外半年都没解决的问题交给张晓冬，让他自己带队做。巨大的压力一下子砸了下来，时间紧、任务重，很多内容又需要回到美国沟通，甚至连续两周每天只睡三四个小时，又或者是 3 天睡 3 个多小时、4 天睡 8 小时……最终，用了将近 2 个月的时间调通了所有的设备，成功完成上海公交卡的首批交付任务。

2004年，张晓冬的RFID技术在全球范围内已经排进了前五名，但就在此时，太平洋公司决定转产做医疗设备。人重要的是发挥长处，而不是弥补短处，张晓冬决定自己继续做与RFID技术相关的工作。为此，张晓冬跟老板商量，就不再跟着公司转向了，由他来做后面的保障工作。看他后来成就的事业，这次选择啮合了他的人生轨迹。

经过在企业几年的历练，2004年，张晓冬拿着10万元资金，创建德鑫物联，正式开始了物联网RFID高端智能制造装备及读写装备的研发之路，这也是他最擅长的基于RFID技术的工作。

如今专注于物联网20年，张晓冬撰写并获批9项国外发明专利，12项国内发明专利，以及若干国内实用新型专利及外观专利。成功推动中国、印尼、伊朗、老挝身份证，中国、意大利电子护照，中国银行卡规模化生产等国家级项目，搭建了这些项目的核心电子层生产、质检体系，并提供了部分核心专利、设备及标准支撑；知名品牌酒的物联网防伪及批量生产技术支撑；银

行钞箱管理；中共十八大人员管理；APEC 人员定位系统；从神五一直到天舟卫星的某关键器件生产设备等项目。

创业 10 多年来，张晓冬带领德鑫物联一路奔跑，不断领先，创造着一个又一个骄人的业绩：德鑫物联于 2010 年挂牌新三板，物联网射频识别高端智能装备领域首家挂牌企业；2016 年 6 月份，全国股转公司公布新三板创新层挂牌公司名单，德鑫物联以绝对优势成功进入创新层。还荣获 2010–2013 年“德勤高科技高成长亚太地区 500 强”；2013 年“福布斯中国潜力企业”；“2014 中国 RFID 行业年度最有领导力 RFID 生产设备企业”等荣誉。

有所为有所不为

选择重于努力，这是张晓冬的信条，他也将此体现在了对企业的发展布局上，张晓冬称其为“隔产业链业务拓展的商业模式”。

物联网射频识别产业链有五大业务板块，第一个是原材料（包括芯片、基材、天线等）和生产 RFID 的装备；第二个是 RFID 生产厂；第三个是 RFID 读写装备；第四个是系统软件及中间件；第五个是 RFID 应用方案。在这个产业链上，张晓冬的德鑫物联做第一、第三和第五块业务。德鑫物联的核心技术是以物联网高端智能装备为基础的生产和应用解决方案。简单通俗地说，德鑫物联不生产“电子标签”以及其中的电子层，德鑫物联提供的是生产和读写电子层的设备以及如何把 RFID 和读写器更好应用的方案。

作为中国 RFID 高端智能装备产业唯一一家进入资本市场的公司，德鑫物联在 A 股中尚没有对标企业。但是，物联网在各环节的主要企业上，却分布着为数颇多的 A 股公司。

从业务范畴上看，在芯片设计环节，有同方股份参与组建的同方微电子、大唐电信旗下的大唐微电子等；在标签封装制造环节，有航天信息、达华智能、东信和平、远望谷等；在读写设备生产商名单上，有远望谷、德鑫物联、航天信息、中兴通讯等；系统集成商有远望谷等。于是，不少A股公司就成为德鑫物联的“关系户”。德鑫物联也通过为这些业内知名企业提供各种高质量的产品，自身也获得长足的发展。

不过，问题还是来了：在这样一个业务链上，德鑫物联主营RFID设备，如何保持自身业务的不断增长？

张晓冬把物联网射频识别产业链依次划分为RFID原材料及生产装备、RFID生产厂、读写装备、系统软件及中间件、RFID应用方案、客户六个环节。他们可以沿着产业链扩展，但必须跨环节扩展，不能直接拓展相邻环节。打个比方，做了环节1就不要再做环节2，否则原来的客户就成了竞争对手；而如果是做环节1的，业务拓展时就要跳过2做环节3，这样就成了客户的客户，双方的合作关系会得到加强，这样反而更有利于合作发展。张晓冬将其概括为“隔产业链业务拓展的商业模式”。

根据张晓冬的上述模式，一旦把环节5做成了，环节1和环节3这两个业务会更强，而且，在进入一个国家或地区的市场时，如果一个业务做5年，3个业务下来就是15年的市场可以做。如此复制，自然公司可以有长期不断的稳定甚至爆发式增长。

为客户做各方面更好的服务公司才能获得长久的发展。张晓冬的公司推出了高性价比的原材料业务，帮助客户不仅从设备上，还可以从原材料上全方位提高产品质量，尽最大可能做到最佳。这样，公司始终可以和客户保持密切的业务接触，从而有助于达到长期双赢的合作关系，帮助客户确立更强大的竞争地位。

不断向前的修行

2004 年，张晓冬创办了自己的企业，企业的名字是德鑫泉，他追求的是做任何事情都必须以德为先。他给公司起名字的灵感来自于《陋室铭》里面的“惟吾德馨”。德鑫泉的意思是：只要我们的道德像兰花一样馨香，自然就可以创造像泉水一样滚滚而来的价值。

纵观张晓冬的创业历程，尽管他觉得第一桶金中有 60%-70% 与运气有关——要不是前公司转产，要不是遇到巨大的市场机遇，德鑫泉不会得到快速的发展。而之后的每一次进步，则有赖于团队的正确的选择，持续的艰苦创新和政府、资本市场的大力支持。但归根究底还是他敏锐的市场意识及其管理才能使然。

现在，无论是公交 IC 卡还是手机钱包的近场支付，人们的生活与射频识别技术越来越紧密相连，未来，RFID 将被应用在生活中的方方面面，德鑫物联也由此拥有巨大的市场潜力。

创业10多年来，德鑫泉的发展是快速甚至是跳跃式的，当然并不是一帆风顺的。比如，有一次张晓冬和他的团队研发智能标签倒贴片设备，做这项技术的目的是为了降低RFID成本，但当第一台设备研发出来并且拉到客户那里时,却出现了一些问题。

此前，他们在做人的身份证方面取得非常大的成功，但在做物的身份证时，却遇到了问题。核心的问题是当时技术的实现形式还没研究透。事实上，为了这台设备，张晓冬和他的团队从2006年开始投入研究，一直到2008年设备才成型，但直到2010年，智能标签倒贴片设备才被大规模地销售。

德鑫物联生产的设备具有非常高的技术含量，需要光学、机械、电子、计算机、机器人、机器视觉及RFID等技术，这7个非常专业的技术,如今已经在公司形成了高水平的专利壁垒体系。

德鑫物联成立至今已有14年，现在已是一个拥有180人的团队，发展至今，如果说过去是加着助跑跳起来摸高，现在就是踮着脚尖摸高。现在的公司需要在财富管理、健康管理、公司管

理、时间管理多方面兼顾。在适当的时间做适当的事情，才能螺旋式上升。德鑫物联就是这样在不断地成长壮大。

企业的发展要有韧劲，打造百年老店如同一个长跑，仅靠拼命是不够的，现在要更好地利用管理的力量、资本的力量、团队的力量去实现系统升级。德鑫物联的愿景就是，用大概 10 年的时间，为全世界每人换发若干张有非接触功能的身份证和公交、银行、市民卡；让全世界每一个百元之上的物品都拥有自己的身份证（智能标签）；再让全球的人和物能够通过德鑫物联的读写器和应用系统，安全的和谐互动……

2016 年，张晓冬开始注重锻炼和健康，他把生活的零碎时间利用起来，每天坚持站桩、坚持运动，所以，现在的他和照片上前几年的样子相比变化很大，变得愈加健美健康起来。物随其人，他的企业也在健康且快速地发展着。

➢企业家感言

德鑫物联自 2004 年成立至今，一直专注于物联网 RFID 行业并持续深耕，经过长期的经验积累和技术创新，在本领域拥有了巨大的技术优势，构建了强大的技术壁垒、时间壁垒、资金壁垒和专利壁垒，这让竞争对手突破非常困难，因此一直保持了自己在行业的绝对领先位置。总结企业发展的成功经验，我认为，持续不断的专注 + 积累 + 创新，你就会拥有比别人更多一点的优势，在通向成功的道路上，你就可能比别人领先半步。

人的智商差别不是很大的，超人的智慧和成就来自于专注。如果说我在物联网 RFID 这个行业有些小小的成就的话，也是因为我在这个行业从毕业一直专注地做到现在，从未偏离过。企业发展中，每一次取得阶段性的成功都需要从上至下，从研发、生产、商务、管理甚至到文化，协同起来，向一个方向进发，只有这样才能将能量最大化，进而解决别人解决不了的难题。

即使智商是天生的，智慧却肯定是可以积累的。说一个人充满智慧或者非常睿智，往往本质上是因为这个人比别人更明白现实世界的核心逻辑或者说规律，拥有更多的经验，对于人生过程中可能遇到的问题，有相对多一点的可供使用的解决方案。

企业要实现不断的创新发展、整个团队有意识的持续投入和科学的创新管理是根本。创新的根本在于信念，任何伟大的成功都不会降临到一个安于现状、不思进取的团队身上，它只会到那些敢于梦想，敢于创新的团队身上。对于德鑫物联这样的高科技企业来讲，重要的还是自己的人才。我们不断研究规律，持续培训我们的技术人员，持续引进各种人才，从而构建能够承载公司成长，不断创新的人才金字塔。在当今世界，不创新段时间看会很舒服，但是长久看肯定是死路一条；而埋头创新，看起来很辛苦，但坚持下去，持续投入，可能反而是柳暗花明的一条生路。就是在这样的分析指引下，我们努力创新，不断进取，争取能够为客户，企业，员工，创造更美好的明天。

张昕：

集成电路里绘出绚丽华美的人生

企业家小传

张昕，毕业于北京清华大学无线电电子学系，工程学士、物理硕士。曾发表多篇专业技术论文。在半导体领域有超过20年的工作经验。2010年4月正式加入中芯国际，目前为北京及北方的营运副总及中芯北方的总经理。

Xin Zhang
BJ Fab VP
Queena

一位怀揣报国之志的男儿，如今扎根北京经济技术开发区，率领他的团队，只用一年多的时间，让企业转亏为盈，创造了中国集成电路行业的奇迹，之后一次次抢占行业先机，引领行业发展，并不遗余力的推进国产化进程。在市场竞争异常激烈的情况下，这些是如何做到的呢？中芯国际北方运营资深副总裁、中芯北方的总经理张昕在中芯北方的所作所为，或许可以给世人提供一份答案……

“刀口舔血”降成本　抢占先机谋发展

2000 年中芯国际在上海初建，2002 年中芯北京开始建设 12 寸晶圆代工厂。集成电路到近几年才热起来，那个时候整个大陆没有特别好的代工基础，应该说什么都没有。当时能把中国第一条 12 寸晶圆代工的生产基地拉到北京北京经济技术开发区来，应该说冒了很多风险，是很有胆识和魄力之举。

2010 年 4 月，张昕加入中芯国际，次年 7 月接手北京厂。当时北京厂处于集团盈利拖后腿的位置，急需扭亏为盈。知耻近乎勇，2011 年 11 月 21 日，张昕把所有部门经理关在屋子里，对他们说，“我们要降低成本 40%！”

成本节省被张昕称为“刀口舔血”，因为如果做不好反而会造成产品质量问题甚至报废，是得不偿失的。

那时候张昕他们天天熬夜，这么大的工厂，事无巨细，一大堆事情全都得记下来。他们也做了很多项目，最后大概落实了 228 项。从 2011 年 11 月底开始，到 2012 年 1 月 1 日努力了 1 个多月降低成本 36%，这意味着 2012 年第一季度就会节省 1900 万美金。

节省成本一直贯穿到 2012 全年的工作中，中芯北京逐渐扭亏为盈。“刀口舔血”战役大功告成。

至此，中芯北京开始走向盈利，张昕却没有丝毫的懈怠，而是又在酝酿一场新的战役，他要在已有的老厂 B1 的基础上实现滚动发展。

集成电路行业的特点是重资产投入，设备昂贵，折旧费占亏损很大比例。当时中芯北京的 B1 厂区有 28000 平米，能产生一年 4 亿美金的现金流。要再建一个面积 28000 平米月产能 3.5 万片的工厂需要 36 亿美金，按照中芯北京的现金流速度，10 年左右才能建成一个新工厂。然而，这只是一个方面的问题，2012

年做这个决定更大的风险还在于不确定性，因为当时集成电路做不成的几率也是很大的。

解决资金问题，首先都会想到贷款。然而当时贷款的利息是6.25%，36亿美金贷款的利息就足以把制造业的盈利给吃掉。张昕没去贷款，他们与北京市政府一起筹建了合资公司，就是现在的中芯北方。

合资建厂，加上设备抵押，3年完成了新厂的筹建。2015年建成投产，为中芯国际再一次抢占了发展先机。

为什么这么说呢？

集成电路发展纲要是2014年发布的，国家集成电路产业投资基金是2015年成立的。而张昕他们早在2012年就已经和北京市政府合作做了投资公司。2015年厂房建好，行业政策来时，中芯北方已经准备好了。

机遇总是青睐有准备的人，青睐敢于拼搏勇于冒险的英雄。

中芯北方2016年产值大概是2亿多美金，2017年是接近4亿美金，做到了运营盈利。这一点在中国集成电路的发展现状来讲，也是一个奇迹。

如今，在京津高速附近，距离中芯B1B2厂区两三公里的地方，面积550亩地的B3A厂区已经在2017年11月30号封顶，成为中芯新的发展腹地。

作为中芯国际北方运营资深副总裁、中芯北方的总经理，张昕为北京厂的生产、管理水平提升都做出了里程碑式的贡献。2017年还被北京经济技术开发区评为亦麒麟人才。

兜转16年迎来报效的春天

1965年张昕出生在北京，一个充满书香气息的知识分子家庭里，父母均为天津人，是中国人民大学马列专业第一届的毕业生。

1969年因为当时的“疏散令”，张昕一家搬去保定度过了10年左右较为艰苦的生活。读完保定的河北小学和13中后，高中回到北京20中。1982年，他高考考入清华大学无线电系，是当年20中考入清华的两人之一。当时中考前六名的同学都去了三年制的人大附中之类的好学校，张昕是第七名，进了差一点的20中，还是两年制的，所以他高考时前6名的学生不跟他竞争，他便顺利地进入清华了，张昕与人畅聊时总是把这段经历说成是一场阴差阳错。从此，清华给张昕带来了一个又一个的幸运，他在清华电子物理专业读了本科，又继续在清华读了硕士研究生，研究课题主要是863重点项目中的导波光学，开始接触到了集成电路。

然而，成长的道路并不是一帆风顺的，1989年张昕研究生毕业的时候，集成光学在当时并无用武之地，相当于毕业就失业了。

张昕的第一份工作是在中国计量科学研究院做产品研发，负责研发国产的石油含水测试仪来替代进口。1994 年 2 月，又是清华的老师给了张昕一次改变的机会，他被公派到了香港城市理工大学工作。在香港工作的两年，张昕在大学里担任研究助理，主要是在洁净间做一些集成光学的实验，研究如何在硅上做波导。

1996 年 2 月，张昕通过招聘去到了新加坡的特许半导体（如今的全球代工，GlobalFoundry），进入到大生产做蚀刻的领域。直到这个时候，张昕才算真正的进入到集成电路制造这一行了。从最底层工程师开始做起，张昕只用了 3 年多时间，就摸透了所有的蚀刻相关内容，成为了科经理。

当时光走到 2010 年，得知有机会加入中芯国际的时候，张昕毫不犹豫立即做出了回国的决定。清华教育的影响是根深蒂固的，面对祖国母亲的召唤张昕义无反顾。祖国是张昕的根，游子终于回家了。

虽然回来的时候薪水砍掉了三四成，职位是一个部门经理，并且 2011 年的时候，中芯国际还有一些内部的不稳定性问题，也有人劝他先离开一段时间，但张昕认为迟早还是要回来的，就坚定留了下来。

清华强调螺丝钉精神，一直教育学生做任何事情都要从基层做起。这一点对张昕的影响很大，他能坐到总经理这个位置上，受益于从基层干起这件事。如果不是对整个工厂的运作深有体验，了如指掌，张昕可能就没有办法在管理上做到如此运用自如。

不做国产化就是犯罪

对张昕来讲，非常重要的一件事就是国产化。除了要把本职工作做好之外，还要推动国产化，因为国产化是公司最终的核心竞争力。

中芯北京是中国集成电路国产设备材料和国产零部件国产化的旗帜，张昕是集成电路材料和零部件联盟的理事长，国产化本身也是一面大旗。

公司策略是两条腿走路，一是技术跟随国际先进水平，二是以产品为中心。最近发布的北京市的集成电路指导意见，其中心指导思想就是以企业为中心，以产品为中心，打造集成电路的产业链。“我们大宗产品没有定价权，配合整机公司和设计公司，拉动上游的设备公司和材料公司，一起打造属于我们国家自主产出的产品，是我们的最终目的。”张昕认为产品有竞争力了，上下游的企业也就发展壮大了。

2011 年和 2012 年的时候，中芯国际基本上没有国产设备，现在已经有了 123 台国产设备，比例超过 10%。只有不断去使用国产化设备，才能发挥我们产业链上的优势。另外，在国产材

料方面，现在已经有 16 家共完成 38 种共产材料，还有 14 种在验证。

目前，我国的集成电路产业已经发展到了以产品为中心的阶段，但是要打造自己的产品还面临很多困难。高昂的设备费，国外的价格垄断，极高的设备折旧率，是横在这个产业面前的三座大山。

对员工来讲，做国产化是一个费力不讨好的事情。拿同样的薪水，用国外的设备更顺手更省心。但张昕他们始终坚持做国产化，很快，他们对国产化的态度就从“为什么做国产化”改变为“幸亏做了国产化”。

为什么呢?

一是因为当前恰好是我们国家半导体发展的一个非常好的时机。集成电路的发展是我国最大的供给侧需求，因为我们自主生产的产品，只能满足国内需求的 11%~12%，还有 90% 的空间可以发展。这个产业特点是越往上游越难做，芯片公司比设计公司难做，国产设备和材料比芯片难做，在这么好的形势下，芯片公司要去支持其他相关产业，行业就上来了。第二个原因就是中芯国际目前是集成电路的产业龙头，具有带动和示范作用。有了国产设备，就意味着有很好的议价权，生产成本就会降低，就可以联手设计公司去打造大宗产品。再加上大基金的投资，就如同风火轮，一旦转起来以后，企业就很容易发展起来。

2012 年的时候正是中芯国际最艰难的时候，但是张昕他们还是选择了做国产化，就这样一个百分点、两个百分点地往上走，一根筋似的要做国产化。

做国产化张昕是有很强烈的情结的。1996 年，在新加坡的特许半导体做蚀刻时，当打开腔体，冲到他脑子里的一句话就是“我们也能做”。张昕是学工程的，加上清华螺丝钉精神的教育，他骨子里边本能地反应是：自己国家为什么不能做?

于是 2012 年的时候，张昕他们在北京集成电路这个产业圈里抓住了一切可以抓住的战机，打出了最佳结果。张昕时时提醒自己，一定要有责任感，这个时候不做事就是犯罪。

关着国门也能把产品做出来，这是他们最终的理想。虽然这条路很漫长，还有百分之八十的路程要走，如今我们国家供给侧改革的形势对推动国产化也是难得的机遇期。很多时候个人努力很重要，但搭上时代发展的快车更重要，社会发展才是真正的发展。

让员工引以自豪的企业文化

张昕提倡工作要认真，玩儿要更认真。

行业文化也需要与时俱进、延伸拓展，张昕认为这行固有

的文化就像他的一位老学长说的四个字：听话出活。张昕又给他后面加了两个字：好玩。90后首先讲个性、需要认同感，他觉得这个公司有意义好玩，喜欢这个集体这个环境，就愿意去发光去奉献。

公司现有五六千人，他们有两个重要的节日，一个是户外仲夏夜，还有一个就是每年年初的新年晚会。2012年晚会张昕第一次跳舞，穿着小礼服一起表演当时很火的江南style。从此，新年晚会的开场，企业领导连着几年都上场表演。张昕还请自己的大学老师来表演过京剧。公司合唱团员工也有原创歌曲，作词作曲都很有名很专业。

张昕特别重视培养企业各方面的人才，他不仅是把企业文化做到极致的领导人，更是活力四射积极参与其中的健将。

除了文艺晚会等活动，企业还有一支引以自豪的足球队。而张昕也是这个足球队的灵魂人物。踢球是张昕的爱好，他跟员工一起踢，而且比员工还来劲儿。2017年中芯北京厂队取得了北京市足协杯比赛第三名的好成绩。在过去4年的北京的足球联赛中，张昕3次拿了射手榜冠军称号。这些足球赛事中获得的奖杯，甚至还有一件球衣，都被张昕摆放在自己办公室里，成为他办公室里的一道靓丽的风景。

迷上足球是从清华开始的，“为祖国健康工作50年”，清华的这个口号一直影响着张昕。在2011年足球赛上，张昕提出的口号是激情投入、永不放弃，现在写在工厂门口，成为企业一个主要的logo。

企业要留住人，就要留住心，让大家没有后顾之忧。作为开发区重点扶持的企业，公司在生活区有员工宿舍和公寓，附近也有公司自己办的幼儿园和学校，员工生活和工作都比较有归属感。张昕还希望企业对员工能有一个很好的回报。让企业发展得更好，利润更高，回报更高；让持续付出或长期艰苦奋斗的团队有更多回报；让员工能安居乐业，有很好的职业发展。

张昕的理念是想让大家能有很高的兴致快乐地去做事。

也因此大家说起在中芯国际工作都挺自豪的，中芯国际在北京经济技术开发区的形象也非常好。上海厂的人来北京厂的时候，也诧异为什么北京厂每个人都像打了鸡血似的，感觉很不一样。

面对压力时跟自己进行对话

最好的工程师和最好的系统是什么？

张昕对最好的工程师的要求是眼高手低。什么叫眼高手低？你要知道你老板的老板想什么，你要能做你手下的手下的事情。张昕的另外一个管理理念叫 MO（missoperation），即人为疏忽。就是本来我应该做对，结果因为走神办错了。MO 本可以避免，本质是管理涣散。如果你的部门有 MO，那是你的管理有问题。

最好的系统是什么？最好的系统是 Errorprove，就是不二过，让错误不再发生的系统。从 2010 年开始，他们大概开了 300 次质量优先会议，管控设备的统计曲线达千万张。

良率好坏代表一个工厂的生产管理水平。在张昕接手北京厂的时候，良率是 93% ~ 95%，经过品质提升，现在到了 99.5%，这表示工厂的管理水准已经很稳定。

张昕把管理工厂和家庭教育做了类比，家庭影响其实是言传身教，潜移默化，未必说父母怎么教育你。管理工厂也一样，管理靠理念，但更多的是大家看你在干嘛。这么多年张昕基本上没有假期，周末也基本上是在工厂，已经六七年没有自己的假期了。直到去年他女儿大学毕业的时候，他才用了五六天的假参加了女儿的毕业典礼。

在成长的过程中，人都会受到一大堆的压力，这个时候张昕的做法是，跟自己进行对话。

从工程师一路走来，张昕付出了很多。曾经有一次，他连续3个小时比对一片晶元找缺陷，都快看吐了。做工程需要多做实验，在实验中找到答案的边界条件，这样才能越来越接近真理和答案。这些都是不能偷懒的，需要不惜力有耐心，需要动手能力很强，需要思维很活跃，需要有很强的好奇心。

半导体行业压力非常巨大，要在这个行业里生存，不光靠技术，靠吃苦，更重要的是一个心态。从辩证法的角度，张昕概括成四个字：一分为二。第一就是要抓住重点，你要永远知道哪些东西是重点。另外一个就是否极泰来，坏事变好事。张昕认为，往往最绝望和压力最大的时候，反而是人生转机的时候。

企业家感言

做为拧在集成电路产业25年的一颗螺丝钉，离开北京16年而返，正赶上这一波国内集成电路发展的浪潮，无疑我是幸运的！

父母是人大同学，毕业后在北京组织家庭生下我姐和我。60年代末期备战备荒，随我的父母单位北京电力学院搬迁至保定，在那里度过了我的10年无忧无虑的少年时光。77年初二时恢复高考，正是到了该念书的年龄，两不耽误。

78年随父母返京，短时间内参加了北京中考及高考，最终考取了清华大学无线电系。拿到录取通知书的时候，不大的我也是百感交集，终于有好学校上了！

清华大学圆了我们的青春之梦也给予了我们很多朴实的东

西，对我尤为珍贵的是三件事：足球，螺丝钉精神和每天下午回荡在各大操场上的口号“为祖国健康工作 50 年”。

当 2010 年有机会加入中芯国际北京厂，我毫不犹豫的抓住了机会，返回了阔别了 16 年的北京 ...

机会是留给有准备的人的，机会更是留给坚定执着永不放弃的人们的！从一名被半导体术语搞晕的门外人，到今天的集成电路制造的资深成员，这一切都不是意外！

在我自我反思“有一万个理由做国产化，一万个理由不做国产化”自己毫不犹豫的选择了做国产化的原因时，一个场景从记忆的深处回到了我的眼前。那是在新加坡我做为刻蚀工艺部的一员，第一次打开和看到刻蚀腔体的时候，一个巨大的声音冲入到我的脑海“这个我们也能做”！

我想这也是国内的所有的热爱集成电路产业的从业者的共同的心声吧！

张芸：用工作丈量人生

企业家小传

张芸，现工作于中国运载火箭技术研究院下属万源科技有限公司。从1977年成为无线电装接学徒工至今的40多年来，张芸在工作战线上创造了多项第一：第一台军用高频开关电源样机的生产、第一个高频电缆组件工艺参数的确定、第一次电缆组件流水线作业模式攻关等，不胜枚举。2012年7月，“张芸国家级技能大师工作室”成立。

如果抛开背景资料，初见张芸的人都会认为她是位邻家平和的大姐，但聊起她的职业生涯，几乎所有人又都会感叹她工作经历的不平凡。

自 1977 年参加工作进入航空科技系统工作开始，张芸从未动过换工作的念头，并用四十多年的岁月，成为了中国航天工业高精尖技术的行业带头人。几年前，她就可以在岗位上正常退休的，却一再被万源科技有限公司（中国运载火箭技术研究院下属企业，以下简称万源科技）极力挽留。至今，已过花甲之年的她，仍然再为我国航天工程事业的发展苦心钻研。

并不是每一项工作都一帆风顺，劳心费力才是张芸工作的本质，但始终有种精神支撑着她无怨无悔。

人生的路，每一步都算数

张芸的工作听起来很神秘，简单来说，就是焊接航天运载工具比如火箭的电子器件。用通俗解释说明她的工作就是集成电路焊接如同电视机的部件制造。是把成千上万个元器件装配在电路板上，然后再把电路板放在整装机里用连接线连接起来。这个工作说来简单，做起来却需要极大的耐心，最考验的就是定力。普通电子产品可以有返厂维修的机会，应用于航天工业的电子产品是绝对不允许有误差的，甚至会因误差而造成不堪设想的后果。牵扯到的是火箭升天的大工程，所以每装配一个元件、焊接每个焊点，都要做到细节精准、工艺严谨。

但在大部分普通人看来，这种高精尖技术工作，特别是一线工人的工作，不仅枯燥无趣，而且要求高压力大，还要常年没日没夜的连轴加班。年轻的张芸却不仅选择做一线工人，并坚持下来。

原来张芸的父母也是在航天工业中成长起来的一代人，并且是共和国航天工程的奠基者之一。张芸从小就受到了家庭氛围的熏陶，对航天工业怀有很深的感情。直到现在，张芸都很享受这份工作带来的自豪感。张芸的父母就是搞了一辈子航天科研，父母的每天工作繁忙，一直坚守在岗位上，如果哪个项目有紧急任务，他们都加班加点，任劳任怨，没白天没黑夜地去投身工作，而且从无怨言。父母的身体力行，成为支撑张芸全身心投入工作的最初动力。父母投身工作的形象深深刻在了她的头脑里。虽然

比起其他家庭子女缺少了很多关爱，但她是很为父母自豪。当得知能如愿从事了父辈的工作后，便下决心要从一而终。张芸也坦言，自己从事这项工作，会更让单位领导有天然的可信度。因为父母干这行有个职业特点，保密意识强，轮到子女这代也一样，大局观，家国意识很快就能建立起来。如今张芸的子女也在从事航天科研的相关工作，传承的不仅是工作，还有把“为国利民”视为已任的家风。

人生的机会有很多，张芸却好像在修行。

1989 年时，张芸用业余时间去读了电大。别人是想拿学历当跳板，换到回报更丰富的岗位。而张芸所学的仍然和当时工作相关的专业。她所学的专业叫做电子测量和电气工程专业。在那个年代电大的学历是工人阶层里少有的。毕业后，张芸本可以去研究室里从事科研工作，至少能当个助理员，做工作强度小的设计工作。可她却偏不，她认为有了更高的学历不是目的，更好的投入到生产队伍中去才是目的。

过硬的技术是张芸一直引以为傲的资本，她曾经连续四年在职业竞赛中蝉联冠军。因为这项厂里前所未有的成绩，她的工资连升了五级。更令她更没想到的是产生了不小的社会影响力。之后的几年，家里的奖状、奖杯已经覆盖了整整一面墙，媒体对她的报道也是屡见不鲜。她深刻的意识到这些荣耀，都是一线工人的职位带给她的，所以便发誓要戒骄戒躁，坚定的在工人岗位上走下去。

在我国航天工业起步的那个年代，新中国百废待兴，全社会对工人的职业非常崇尚。很多人为自己的工人身份而自豪。但随着时代的更迭，工人两个字不再是闪耀夺目的光芒。一些同事觉得她当初不懂得把握机会鱼跃龙门。但她却深知所有坚持都源自于热爱。

老骥伏枥　志在千里

张芸从事时间最长的岗位是无线电装机，从手工装机到带徒弟，从讲解图纸到总结生产工艺经验。不管做什么事都没有离开装机这个岗位。40 年如一日坚持做好这一件事。更令张芸自豪的是，她的徒弟都已经成为了师傅。其中两个最令她最骄傲的徒弟，都是“全国技术能手”。还有六个成为了“航天技术能手”。张芸的一些徒弟现在又带出了很多出色“徒孙”，为中国航天工业的发展助力。

2012 年，张芸到了该退休的年龄，她想退出工作的舞台，把更多的机会留给年轻人。但单位领导却公开表态说：一个值得尊敬的企业最重要的就是传承，张芸的精神和品格就是万源科技这个有着 60 多年历史的公司，最宝贵的财富。张芸听到后也扪心自问：一辈子的热爱就这么放下了吗？

备的人。就在当年，在国家政策号召下，
院创建了技能大师工作室。研究院为了搭
血，成立的目的也很明确：传承和发展。
需要的人才之一。
谢公司能让她仍然坚守在热爱的岗位上，
并不认为我是多么难得的人才，所以我对现
人、搞研究。年轻的时候干工作手脚利落，
年龄渐涨，就要把经验多传授给年轻人。”
岗位上独自装配过很多航天电子部件。她比
的精密性和技术性。但曾经单枪匹马就能出完
的时代一去不复返，“一对一、手把手”师傅
然也不适用于今天。经过研究总结，张芸把自
程概括、总结、分解、细化。让新职工经过一
就可以直接进入工作组生产。看似生产流程化繁
对于张芸这个负责工艺流程编制工作的人来说，
生产管理难度和工作复杂性。
年新入职的工人都有 20 多个，为了让新人更快
芸学习了很多团队管理知识，选择责任心强的人
合适的人放在合适的生产岗位，再把经验分解成具
生产。

传统制造讲究手艺，现代制造注重工序。而航天产品的生产制造，在当今时代背景下显得更加独特。航天产品的复杂程度难以想象，并且没有参考标准。所以航天工业电器组装工人涉及到的工作量和技术含量可以用千头万绪来形容。能把喜欢从事这项工作的轻人聚起来，心往一处想，劲儿往一处使是很不容易的。虽然现在一部分年轻人的浮躁让张芸十分感慨，但令她倍感欣慰的是国家对航天工人的关心和重视。在物欲横流的今天，各项荣

誉都是对工人最大的肯定和褒奖。随着大师工作室开展的系统、灵活的培训活动，越来越多的年轻人愿意投入其中，与张芸并肩工作。

随着国家对航空航天装配制造的重视程度提升，使得管理和技术较之前又提高了几个层级。年轻人在生产中的蓬勃朝气，让张芸对中国航空事业的未来信心倍增。通过张芸在“传帮带”工作中的不断总结，企业的人才队伍也有了跨越式的提升。

为了培养更多的人才，目前，张芸牵头成立了与北京工业技术学院共建的校企合作项目，同大专院校紧密结合起来培养人才储备。并且已经和学院签署了一个订单班，让学生在上学期间就能掌握一种技能，成为“抢手”的人才。

也许张芸也正在不知不觉中改变更多专科院校学子的人生轨迹。

传承得法，能人“芸集”

虽然新人培养得卓有成效，可是在生产过程中遇到了难题或是没有见过的操作流程，都令张芸心急。每每遇到项目攻关，张芸都要带领团队亲自梳理。理论上研究透彻了还要亲自进行工艺实践。直到总结出成熟的方法后再进行生产推广。

年过花甲，还能坚守在“工艺攻关”的前沿阵地冲锋陷阵，张芸在团队中起到了相当大的示范带头作用，很多年轻人都钦佩她“不服老”精神。

为了发扬这种精神，张芸的装配工作室每年都会组织开展一个特色活动——“芸集杯”技能大赛，“芸”取自张芸的名字，“集”就代表了集体。为了不辜负这个“芸”字，在第一年的工业竞赛中，张芸就深思熟虑，集结全体新到岗工艺员，参加行业标准测试竞赛。使得工艺员们在短短的竞赛期内就快速变成了岗位能手。比赛后为了让大家快速进入整套工艺生产环境，又开展了有声有色的全生产线实践操作活动，令工艺员们对自己的产品理解得更加深刻透彻了。

到今天为止，“芸集杯”已经举办了四届。每届比赛张芸都花了很多心思，所以每年都有独特的创新点。比如在实践操作中加入印制板组件焊接、整体装配打印板组件和整机线束连接。这些项目看似简单，实际操作中涉及成千上万根线的不同连接，产品装配好，就像几层蜘蛛网重叠在一起，极具考验工作的技术实力。

每一届“芸集杯”工艺竞赛，都能让张芸挖掘到惊喜。比如第三届“芸集杯”竞赛，成为了高级工人技师选拔主题活动。这次活动把工艺员中的精英骨干都发掘了出来，系统地总结出了他们的生产经验。

再下一届的竞赛，“芸集杯”还将覆盖了全部工种的精英选拔。通过竞赛带给工人们的不仅是荣誉感，更带来了使命感，张芸期待通过竞赛的方式，每年都能使全体工人在生产技术，得到提升。

技术攻关，人生无悔

张芸在生产工作中有很多令她骄傲的过往，最为自豪的就是高频电缆组件制作的攻关成功，在外人看来这只不过是一根线缆加上两个插头。但实际上这一根线上的技术要求特别高。最初，整个单位工人的工艺水平，都完全达不到匹配要求。于是，张云带领团队投入到了高频电缆项目的自主研发。她亲自把每个元件进行分解，把螺丝、螺母、垫片、焊接插针和插孔都与匹配器材

做了精准的测量和设计，量出的尺寸又反复和匹配器材设计图纸进行对比。在产品下线时，又做了精细的测试。小小的一个组件，是绝不能与成品匹配有任何差异。如果产品稍有误差就会出现传输数据的差异，应用在航天器材上就会出现重大事故。最后，张芸成功完成这任务，填补了该产品在万源科技生产线上的空白。

通过攻克自主研发生产高频电缆的难题，张芸带领团队不但完成了其他研究所完不成的任务，同时也建立了新的高频电缆生产标准。生产至今，她带领的技术攻关团队生产研发的高频电缆，从来没有在应用过程中出现过任何故障。

张芸是一个懂得坚持的人，但她也承认了自己是一个争强好胜的人。在学习知识不被重视的年代里，她的学习成绩一直保持在年级前五名，到现在她都想把自己的每一件事情做好。也想把别人做不好的事情做好。

好胜之外，张芸也有遗憾。随着科技发展的日新月异，产品越来越复杂。如果对图纸无法理解透彻。只是照猫画虎的去操作，最后出来的产品，肯定达不到最高的标准。这让张芸对时间的不够用的感慨。遗憾之余，张芸更希望把自己所有掌握的经验，毫无保留的传授给员工。“只要年轻人愿意学，我就会不遗余力的教。如果有一天我离开了工作岗位，我真的想把所有的经验和技术留在这里，继续传承下去。让我们老一辈人的工作心得，带给年青人更多的提升空间”。

从小就喜欢做手工，张芸把每件出自她手的产品，都当成了艺术品。这也让她深感，能把工作和爱好结合起来是自己的福气。虽然出于工作性质的保密，直到今天，张芸都不知道自己的“艺术品”会被装在了哪个火箭中，但每当火箭升空的时候，电视机前的张芸都会激动得热泪盈眶，别人只知道她的工作了做火箭部件，但她总觉得自己在延续火箭的生命。

➢企业家感言

回首职业生涯，确实有些累，有的人一辈子混一混可能也就过来了，也能做到家里事业两不耽误，也很圆满。但像我们这样的人就是无法做到那么理想化。有很多技术我现在已经来不及掌握的。如果让我重新再活一次，我还是希望能干这项工作，学更多的专业知识，攻克更多高科技的难关。

赵广宇：
唯有利他，才能利已

➢企业家小传

赵广宇，1970年生，辽宁营口人，毕业于中国医科大学和中欧国际工商学院，现任北京华益精点生物技术有限公司董事长兼总裁。2005年同合作伙伴一起创立华益公司，专注于血糖监测和糖尿病管理，2010年率先开发出临床智能血糖仪及血糖信息化管理系统，2017年推出华益糖管家。2016年入选“国家万人计划”，并先后获得国家科技部创新创业人才，北京中关村高端领军人才，北京经济技术开发区“亦麒麟”领军人才等称号。

热烈欢迎
人民网
people.cn
京华益精点生物技术有限公司董事长兼总裁赵广宇
做客人民网健康中国人
您是2018年做客人民网的第951位嘉宾
2018.3.16

Microsoft
州市产业发展顾问”聘书
颁发仪式

显而易见，无论是阿里，还是腾讯，无论是谷歌，还是苹果，几乎全球科技巨头公司，都已经或者正准备介入医疗领域。与此同时，传统的医疗公司也并未坐以待毙，他们正张开双臂，热情地拥抱互联网技术。无论美国通用电气公司（GeneralElectricCompany，以下简称 GE），还是西门子，亦或是飞利浦，也正在进行智能化、信息化的升级改造。

当技术与专业相遇，“互联网 + 医疗”也催生出形形色色的创业型公司。在这其中，赵广宇创立的北京华益精点生物技术有限公司，无疑是本土企业的杰出的代表。目前，华益精点研发的血糖信息全病程跟踪管理解决方案，已在国内市场奠定了领军地位。

而既懂互联网又学过医疗，既懂销售又会管理的赵广宇，无疑是投资者眼中最高段位的创业者。但和如今出了校门，甚至没出校门就梦想创业的年轻人不同，创业之前，赵广宇的只是想做一名“金领”。

七年升职五次

上世纪 90 年代中期，赵广宇从中国医科大学毕业之后，顺理成章当一名医生。在一所著名的综合医院，赵广宇一干就是 3

年。这段从医经历让他对医患关系有了深刻的理解。大部分病人都是有了明显症状后，才有就医意识，但病情稍有好转，就忘了医生的叮嘱。而医生的工作量非常大，从早忙到晚，即使特别认真负责的医生，在传统的医疗体制下，也没时间和精力随时提醒病人。一些慢性病本是可以控制的，但因为病人的轻视而酿成不可挽回的后果。从医生涯的感同身受，也为他后来的创业埋下了伏笔。因为所在的科室需要购买医疗设备，赵广宇接触到了医药代表这个行业，在双方沟通的过程中，彼此都非常认可，他也借此机会进入了私企，端起了别人眼中的金饭碗，成为了一名医药代表。

彼时做医药代表，不但受人尊敬，收入也很高。当然要求高，不但要具有药学或者医学的专业背景，还要有强大的学习能力和良好的口才，能对最新的研究论文进行解读，并传授给医生。因为科班出身的专业性，加上能力强，口才好，进入行业不久，赵广宇便取得不俗业绩。

不过，医药代表的工作强度也是常人难以应对。赵广宇说，刚进行业的时候，出差两三天不瘦下三斤就不叫出差，但那时他追求的就是脱胎换骨成为更出色的自己，所以痛并快乐着。进入行业七年，赵广宇升职五次，最终从一个跑业务的小兵，成长为全国总经理。但这些成绩对于当时33岁的赵广宇来说，已经不是梦想所在。

千里马常有，伯乐却不常有。世界500强CEO的位置，全球也只有500个。于是，创业自己当老板，也成了一些人的梦想，赵广宇也是其中一员。特别是2004年，创业纪录片《赢在中国》在央视二套播出，一时创下收视率新高，主题曲《从头再来》也在街头巷尾传唱。看着那么多同龄人在电视机屏幕上慷慨激昂，赵广宇激动不已，

这也是除了职业天花板之外，让赵广宇下定决心离开行业的决定性的因素。

七年之痒，最后的决定发生在2005年一个夏日的午后，赵广宇向领导汇报完工作之后，提出了辞职。

当然，离开是为了更好的开始。

从头再来

辞职从头开始。赵广宇已经不是当年只想满足激情和虚荣心的懵懂小伙儿，这次转身，他对人生的职业规划有了更多规划。在研究了众多成功企业资料后，华为创始人任正非的创业经历无足鼓舞了赵广宇。

1987年，任正非注册成立华为技术有限公司，专门代理香港康力公司的HAX模拟交换机。凭借深圳特区的信息优势，华为背靠香港，赚取差价。在卖设备的过程中，天生敏锐的任正非

发现了程控交换机在中国电信行业中，有着广阔的市场。但整个市场却被外国公司主导。这一现实，也激发了任正非的民族自尊心。于是，43 岁的任正非决定自己做研发。自此，告别了代理商的身份，将华为引向了一条技术创新的坦途。

与任正非一样，创业之初，赵广宇也选择了做代理商，成立了一家贸易公司。

赵广宇的内心，还有一个和任正非一样自主研发的梦想，一直等待机会实现。终于，在做代理过程中，赵广宇遇到了一款与糖尿病相关的产品。因为做过医生，深知中国糖尿病的现状，这款产品激发了赵广宇医者仁心的情怀，也让他确立了再创业的方向。

红海博弈

相关数据显示，中国是糖尿病大国，患者人数每年以 11.6%

的速度在增长。目前，糖尿病还是一种终身疾病，不可治愈，只能控制。对于糖尿病的防治，业界达成共识的是赶好“五驾马车”，即营养治疗、运动治疗、药物治疗、血糖监测、健康教育。

经过调研，赵广宇和他的团队发现，糖尿病患者住院的时候，每天有医生定期用药以及饮食监管，血糖控制的会非常好，回家之后，因为很快就又回到了原先的生活状态，血糖再次紊乱。周而复始，糖尿病患者在忍受痛苦的同时，还要耗费大笔的医疗费用。发现痛点所在，赵广宇选择进军血糖监测领域。

作为糖尿病治疗“五驾马车”之一，血糖监测在血糖控制中具有重要地位。世界卫生组织也建议，打败糖尿病最重要的一点就扩大预防、加强护理、增强监测。

2011 年，赵广宇在北京经济技术开发区，创办了华益精点生物技术有限公司，聚焦血糖监测领域。并在挖掘客户需求，在改进市场原有产品的基础上，开发出了 GLUPAD® 临床智能血糖仪。这款血糖仪的背后有一套强大的系统支持。患者只需每天在家里使用血糖仪监测血糖，数据就会通过相关 APP 上传到系统，专业医生在自己的手机上，通过系统内数据的变化，随时提醒患者注意事项。

赵广宇把这种商业模式称之为“ToB——ToC”。“ToB”的意思是与医院合作，引进华益精点的产品。“ToC”的意思是，说服医生，让医生愿意通过华益精点的数据，了解并监督患者在家的防治情况。赵广宇说，这种模式首先可以减少糖尿病患者的痛苦，避免常跑医院，其次可以给合作伙伴创造更多商业价值，更重要的是，盘活现有糖尿病医护人员的存量。在很大程度上解决了庞大的糖尿病患者，血糖管理不足的需求。医院、医生、患者三方受益，防治糖尿病利国利民。

听起来虽美，现实却很骨感。血糖监测领域本就是一片红海，做为后来者，初期进入血糖监测市场，华益精点面临着严峻的竞争格局。赵广宇回忆说，第一代血糖仪产品上市之后，团队信心满满，以为无论是对医生还是对患者，都有好处的产品，不愁没市场。但很快就被市场狠狠泼了盘冷水。医生和患者认可的都是熟悉的国际大品牌。要想让医生和患者接受不知名的产品，以及全新的检测理念并没那么容易。当时，华益精已经在自主研发项目上投入了很多资金，销售业绩却一直没有起色，这令赵广宇倍感压力。

被冷水泼醒之后，赵广宇反思出了曲线救国的办法，通过先试用再购买的方式打开市场局面。糖尿病患者虽然众多，要实施精准营销，也无疑大海捞针。在销售过程中，赵广宇和团队最终认识到，只有让掌握糖尿病患者详细数据的医生认可，才是解决问题关键所在。于是，赵广宇带领团队深入医院给专业医生"洗脑"，并连续 3 年，先后在北京、上海、山东举办学术会议，倡导新的糖尿病防治模式。有了口碑基础，华益 GLUPAD® 临床智能血糖仪在国内市场逐渐声名鹊起。

打开市场的同时，华益精点加大了研发投入，在产品上和系统上精益求精，经过几代产品和系统的创新更迭，GLUPAD®血糖信息化管理系在市场上的好评度越来越高。不仅成为国内唯一一家将血糖检测和信息化管理整合起来的产品，也超越国外同类产品，在全球处于领先地位。

数据显示，自 2013 年 7 月上市以来，目前近 400 家医院安装使用 GLUPAD® 系统，其中包括阜外心血管病医院、上海复旦大学附属中山医院、北京大学第一医院等著名医院。

回顾自己创业历程，赵广宇感悟颇深。早已实现财务自由的他，在救病惠人这条路上，也不会停歇，只会越跑越快，这源于众人的信任，更源于他内心对医者仁心的敬畏

回归初心

进入中国医科大学那一刻，确定了赵广宇要跟医疗事业紧密相连的人生。5 年医学专业的熏陶，在赵广宇脑海里就刻下了要治病救人的烙印。3 年的从医工作，让赵广宇深入地了解到医生和患者关系的真实情况。7 年医疗行业的销售经历，奠定了赵广宇创业的基础。

在赵广宇创业路上，潘孝仁教授在上世纪 80 年代主导的大庆研究，对其影响颇深。大庆研究，是内分泌科医生都耳熟能详的一项伟大研究。从 1986 年至今，大庆研究已经走过三十余载。总的来看，大庆研究分两条主线：一、大庆糖耐量受损和糖尿病研究（TheDaQingIGTandDiabetesStudy），主要研究糖耐量异常和糖尿病与心血管疾病、全因死亡的关系；二、大庆糖尿病预防研究（theChinaDaQingDiabetesPreventionStudy），即在糖耐量受损人群中进行糖尿病的预防干预研究。

三十年的随访结果显示：糖尿病是可以预防的；生活方式干预可以长期地预防糖尿病；糖尿病的预防可延伸至微血管病变、大血管病变及死亡的减少。

在大庆研究的启发下，芬兰、美国、日本和印度等国都进行了类似的生活方式干预预防糖尿病研究，陆续证实了大庆研究的结果，从而奠定了中国糖尿病预防研究在世界的领跑地位。

潘孝仁教授等人坚韧不拔的科研精神，深深影响了赵广宇，也坚定了他对生活方式干预防治糖尿病的信心。

2017 年 10 月，国家颁布了《关于深化审评审批制度改革鼓励药品医疗器械创新的意见》，意见中指出，将进一步推进医药、医疗器械产业结构的调整和技术创新，提高产业的竞争力，满足公众的临床需要，促进医疗企业新技术新产品的推广和应用，促进医疗器械产业的进步和发展。

这对整个行业来说，这无疑是利好消息，但赵广宇认为，医疗器械企业要提倡务实创新，注重实际应用，要静下心，踏踏

实实在一个行业里深耕，而不是为了利益，盲目去追热点、追噱头、炒概念。

毋庸置疑，中国本土医疗器械的知名品牌会越来越多，但品牌一定是建立在产品质量和用户体验上。华益精点的愿景是，服务健康、实业报国。赵广宇和员工们都一直都怀着感恩的心，全力以赴为糖尿病专家、医护人员和广大“糖友”服务。赵广宇希望以潘孝仁教授的精神为傍样,有一天也让中国医疗器械产品,真正屹立于世界之巅，改变大众对中国医疗器械产品，只优于价格便宜的固有印象。

2018 年年初，赵广宇作为科技创业领军人才，成功入选第三批国家“万人计划”（即国家高层次人才特殊支持计划）。这一计划由中央人才工作协调小组统一领导，中组部、中宣部、人社部、教育部、科技部等 11 个部门组成领导小组共同实施。总体目标是利用 10 年时间，在自然科学、工程技术、哲学社会科学和高等教育等领域，遴选支持一万名左右能够代表国家一流水平、具有领军才能和团队组织能力的高层次人才，特别是有重大创新前景和发展潜力的中青年人才。

这一殊荣，令赵广宇倍受鼓舞。“大医精诚”“医者仁心”是他最常提到的两个字，虽然赵广宇没有延续他的医生生涯，却从未忘记自己的初心，帮助更多医生实现了体面挣钱，帮助更多的患者实现健康管理。一直以来，华益精典坚持把销售利润补贴给专业医生，在医生收入提高，在不增加患者费用的同时，让医生更有动力为患者服务。在未来，华益精点将围绕积累的大数据优势，通过人工智能等工具，在重症，慢性病等领域，为医生诊断提供更多技术支持，为患者提供更好的防治方案。

古语说，商人重利轻别离，从商多年，赵广宇却说：唯有利他，才会利已。

➢企业家感言

我们这一代人赶上了中国经济和各项事业蒸蒸日上的时代，机会非常多，诱惑也非常多，我本人经历了体制内的事业单位，跨国公司和自主创业，每一段经历都给我不同的感受和经验，帮助我成长，并为我下一个职业选择打下坚实基础，无论在什么岗位上，都要做到脚踏实地，勤勤恳恳，不投机取巧，积累行业经验和人脉资源，一定会有所成就。自主创业以来，更是深刻感受到肩负的使命更加艰巨而又光荣，中华民族的伟大复兴就是靠我们每一个中国人辛勤努力干出来的，在技术研发和企业管理上，我们一直秉承坚持务实创新，不做变色龙企业这一原则，在一个领域里不断深耕，深挖客户需求，市场痛点，为客户提供与众不同的产品和服务，以求客户的认可，战胜国外竞争对手，在自主创新的道路上只有进行时，没有完成时，我们一定会更加努力。

周文来：

挑战自我　逐梦中国

企业家小传

周文来，1991 年新疆大学生物学硕士毕业，2015 年 5 月至今，北京加科思新药研发有限公司研发高级副总裁。加科天实抗体新药研发有限公司总经理，北京加科思益新药研发有限公司总经理。

癌症，已成为当今社会的主要杀手。每年中国人从国外购买治疗癌症的新药花费也是天文数字。癌症治疗领域，对国内医疗界而言，是一个巨大的没有被满足的需求和医疗痛点。周文来在这里开拓创业的天空，拓展着生命的深度。

2016年的初夏，捧着北京经济技术开发区亦麒麟“领军人才”奖牌，领奖台上的周文来一贯稳重的脸上泛着喜悦笑容。

两年前，公司创立之初，周文来常常在公司加班到深夜，然后算着时间给家里打电话，听着已上高中的儿子东拉西扯地讲着学校发生的趣事，还有小女儿不停的叫着爸爸，他忍不住扪心自问：放弃已经相当成功的事业，年逾四十开始创业，这一切究竟值不值得？

现在，他有了明确的答案。

从伊犁河谷走出的生物学家

清秀儒雅的周文来，出生成长于“塞上江南”新疆伊犁。辽阔的草原，雄浑的天山，赋予了他性格深处不甘平庸，勇于挑战的基因。

怀着对生物学浓厚的兴趣，周文来16岁考入新疆大学生物系，作为一名“学霸”，他一路完成硕士学业。1991年，他进入新疆畜牧科学院兽医研究所,从事基因工程重组疫苗研究工作。为了进一步深造学习，1997 年，周文来毅然离开家乡。周文来至今还记得离开家乡的那一天,清晨初升的太阳撒着柔和的霞光，普照在绵延起伏的山岗上，光影交辉。他的心情也像那山丘此起彼伏，这是他人生的一个关键抉择，他要进入一个全新的世界。

环境的改变并没有改变周文来的生活，他继续埋头做基因工程疫苗研究。研究的工作虽然辛苦，但是成果丰硕，两年时间内周文来就发表了 4 篇高水准学术论文。

尽管此时周文来已经结婚，太太已经有了一份很好的工作，期望有更加稳定的生活，但是周文来还是说服了太太。仍是一个旭日初升的清晨，周文来怀揣对科学的梦想，远赴他乡，从事博士后研究，开辟人生又一片新天地。

在博士后工作期间，周文来一头扎进实验室，开始狂热的科研工作。发表 5 篇高水准学术论文，其中包括以第一作者在《NatureGenetics》《Molecularcell》等顶尖国际期刊发表论文，

并发表了多项国际专利，科研成果丰硕，并掌握细胞生物学，表观遗传学等多项核心技术。

六年的时间，匆匆而过，转眼就到了博士后出站的时间，他收到一堆来自大学和制药公司的工作邀请，而此时的周文来却陷入了纠结之中。是当教授做基础研究，还是去工业界做应用和转化？其实这个问题困扰周文来已久，最后周文来决定遵从自己的内心，去工业界做应用和转化，他在回忆这段心路历程时总结道："一直在象牙塔里，自己到底有多大的能耐？能多大程度上改变人们的生活？我想把学到的东西真正做成药，去真正改变人们的生活，而不是仅仅发表几篇学术论文。"

2009 年 6 月，周文来走入了社会，踏上了研发新药的旅程，主要从事肿瘤药物研发。任职期间，领导多个国际领先水平原创新药（FirstinClass）的新药项目立项、开发策略制定，药物筛选方法建立，生物标记物的发现等临床前开发工作，指导多个博士后完成转化 医学方面的研究课题并以通讯作者在顶尖国际期刊发表论文，并发表了多项国际专利。

多年制药企业的工作经历，让周文来的新药开发能力和管理水平得到了极大的提升，在取得了一系列重要成果的同时，也开阔了他的眼界,对全球新药研发的最新趋势有更多的理解和把握。

此时的周文来，事业有成，家庭幸福，成为了别人眼中的"幸福模板"。

机缘巧合　回国创业

遇见王印祥，周文来的人生拐了一个弯。

王印祥，北京加科思新药研发有限公司董事长。科技部重大专项评审专家，中国药学会抗肿瘤药物专业委员会副主任委员。说起王印祥，也是一个富于传奇经历的人，王印祥出身农村，毫无药企工作经验的他，2003 年回国创立了贝达药业。该企业 2016 年在创业板成功上市。

2013 年的一个夏天，波士顿中美医药协会年会召开。年会每年邀请一些全球比较知名的医药企业家或者科学家做演讲。当时王印祥获邀做主题演讲，他讲述了自己 2003 年创业经历。周文来第一次见到王印祥。听着王印祥讲述创业经历，周文来心潮澎湃，内心深处不安分的热情被再次点燃。

中国创新药研发急需人才，而且在国家层面，也特别需要老百姓能用得起的药。王印祥的成功在于研发的新药疗效好，价钱实惠，造福了中国百姓。因此，王印祥的成果，被时任卫生部长陈竺称赞为堪称民生领域的“两弹一星”的成就。

“自己能不能也像眼前这位王印祥博士一样为祖国为家乡的父老乡亲做点什么？”这是徘徊他脑海中的一个问题。但是周文来非常清楚，新药研发是一个非常艰难的事情，需要有 40 多个不同专业的人配合才能完成。王印祥博士的故事步步惊心，但是他的胆量跟气魄，又让周文来由衷的敬佩。王博士的故事正是不断突破边界，勇于进取的结果，这让周文来相信只要不惧艰险，顽强拼搏，那么创业打造中国的新药研发企业，并不像想象中的那么高不可攀。

转年 2014 年的冬天，周文来参加学术会议，在会上第二次见到王印祥。会后，相见恨晚的两个人，有着说不完的话题。王印祥博士说他想创办第二家公司，专注研发具有国际竞争力的原创药，并向周文来发出了盛情邀请，王印祥当时说：“我的创业团队正好缺少您这样的顶级生物学家，周博士愿不愿意回来跟我一起创业？”周文来此时也是心潮澎湃，二人一拍即合，两人的手紧紧握在了一起。

2015年5月，周文来和一家人告别。他对一直无条件支持她的太太说："又要辛苦你了，照顾好孩子，我争取能干出一番事业。"周文来说完，又摸摸儿子的头，叮嘱他好好学习，听妈妈的话。而他心里暗暗说："儿子，爸爸一定为你树立一个不断拼搏向上，积极进取的榜样！"

飞机腾空而起，带着周文来奔向人生又一个新世界。

攻关克难　梦想照进现实

加科思位于北京亦庄经济技术开发区，这里聚集了中国生物医药研发的种种高精尖企业；这片投资和科研的热土，时时都在激励着周文来。加科思以高端人才为引领，以原创新药项目为依托，带动公司的迅速发展。从在孵化器里300平米实验室起步，

发展到现在4000余平米标准实验室，加科思只用了一年半时间。如今，公司已经完成一个创新产品的临床前开发，并在2018年进行临床实验。

从无到有，创建一个企业，对于周文来，是一个全新的生命体验。在加科思，周文来担任公司研发高级副总裁。多年的科研训练以及在诺华制药的历练，在加科思得到了充分的施展和发挥。

“做新药，首先就要探究一个新靶点的生物学，它的生物学功能和机理一般都是不很清楚的，所以你要是从复杂的现象里面找到一些规律。”但是在实际操作中，却不是想象的容易。比如公司的某重点项目，周文来发现了一些免疫学上的新的抗肿瘤机理，从而可能大大提高这个药物将来的抗癌效果和应用范围，而这些重要的新发现，在世界上还没有发表过。随后在验证阶段，周文来投入的大量的精力去研究攻关，最终验证了这项成果。每天不管工作多忙，周文来都要抽出时间看全球最新的科研进展，以确保在知识和技术上保持领先。

在开发过程中，遇到技术难题也是常有的事情，解决难题的能力是对科研工作者的最大考验。每当这个时候，周文来总能利用他强大的专业能力和数据分析能力，迅速找出试验失败原因并及时调整方案。周文来渊博的知识和学者的气度，成为公司年轻人的崇拜偶像。同事们还记得有一次动物实验结果达不到预期，反复试验仍旧失败，实验员们有点一筹莫展，只得求助周文来。周博士通过仔细分析发现原来是采用的细胞不是原代的。后来通过从 ATCC 标准库重新采购细胞，很快实验就顺利完成了。

也因为这件事，周文来对于国内的生物医药研发环境有了更深的认识。国内的研发技术服务公司（CRO）也越来越成熟。作为参与全球竞争的新药研发公司，选择合适的供应商或者 CRO 公司显得非常重要。比如药理毒理评价等尤为关键的实验，就必须委托具有国际经验的专业公司来完成，这对于项目研发质量非常关键。

作为公司的创始人之一，周文来的工作内容发生了很大变化。要负责的事情多了。除了多个小分子化学药物研发的项目，他又担任了加科思和天广实合资组建的加科天实抗体新药研发有限公司总经理职位，负责公司多个抗体新药的研发。而现在公司规模达到百人以上，需要统筹药效、药代和毒理等各个方面，同时还参与整个公司的管理、对外合作。

尽管很辛苦，但是周文来充满干劲。

梦想在辛勤的拼搏中开始走进现实……

改变自己　改变他人的生命

有人说，人的一生，就是找椅子的游戏，找到自己坐起来很舒服，自己又坐得上的椅子。从这个意义上说，周文来觉得自己是幸福的。工作有意义，又是做着自己擅长的事。心怀梦想，拼搏实干，是周文来人生的主旋律。而表面文静的他，其实内心坚定。不像一些人犹犹豫豫，瞻前顾后。而是果断选择，一旦干起来，就全力以赴，无怨无悔。

周文来说，做药一定要知道临床需求要和临床医生多交流。因为临床医生了解病人的真正需求，知道怎样的新药才能解决病人的实际需求。因此他经常跑很多医院，去和医生们交流，周文来希望加科思研发的药更能解决病人的实际的需求。这种希望改变病人生命的愿望和动力,大概就是中国传统知识分子追求的“济天下”吧。

说起自己的科研工作，周文来总是充满激情，他说，肺癌是中国乃至全世界最常见的恶性肿瘤以及首位的癌症死亡原因。随着我国工业化、城市化进程的进一步加速所导致的空气污染以及吸烟率的居高不下，肺癌的危害将继续加剧。开发有效的肺癌治疗药物具有非常高社会价值。

癌症治疗经历了三次革命。第一次就是化疗药，它对正常细胞和癌细胞没有选择性。第二次革命就是靶向治疗，找到一些致癌基因，通过抑制致癌基因的活性来抑制肿瘤的生长，比易瑞沙等 EGFR 的抑制剂。第三次革命指的是免疫疗法，通过激活人体自身的免疫系统来杀死肿瘤细胞。目前，公司开发的主要产品都是针对肿瘤免疫治疗的。

当前，人类迎来精准医疗时代，生物医药的研发也发生了翻天覆地的变化。周文来惊喜的发现中国新药研发的产业生态正在逐渐的完善，无论是资金还是人才储备，都具备了很好的条件。而中国的药品注册法规的改革也顺应时代潮流，释放了产业能量。政府对于创新企业也是大力支持，比如在开发区园区里，入驻企业的房租，是 5 年后才付，这就减少新创企业的资金压力。这些无一不让周文来对未来充满信心。他觉得脚下是一片适合做创新药的肥沃土壤，他希望将来研发成功的新药，不只销中国，还销往全世界。

这种雄心壮志，来自于哪里？在周文来的办公室里挂着一张五位创始人的合影照片。周文来的信心，来源于自己的专业追求，也来自于这个创业团队。这个团队，不仅是科研，还在融资、公司管理方面都有着丰富的积累。

占尽天时地利人和的加科思，成为具备国际竞争力的研发企业已不遥远。

企业家感言

中国改革四十年给医药产业带来新的机遇，也有着巨大的挑战。随着中国医药审批制度的改革，尤其中国加入 ICH 后，中国医药产业的发展方向越来越清晰，那就是全球化与创新。新一轮创新药研发热潮正在如火如荼进行中。

我们正是在这一重要的背景下来思考公司的产品开发策略，这也是为什么我们将公司愿景定义为“立足于中国，开发具有全球影响力的新药”。为了实现这一愿景，我们认为持续的创新是公司唯一的出路，我相信只要坚持原创、顺势而为，我们将会成为创新时代的宠儿。

朱敏：
以奋斗者为傲

企业家小传

朱敏，女，1971 年生，籍贯山东，出生于内蒙古包头市。现任北京华联印刷有限公司董事总经理。中南工业大学化学工程硕士专业毕业，中国人民大学高级管理人员工商管理硕士学位，北京师范大学管理哲学博士。中国印刷技术协会副理事长、中国印刷设备与器材工业协会常务理事、北京印刷协会副理事长、北京经济技术开发区青联委员、北京经济技术开发区企业党委委员、北京化工大学企业导师、曲阜师范大学兼职教授、北京印刷学院硕士生校外兼职指导教师。

立三十周年庆典暨农家书屋
共谋发展
164

在北京经济技术开发区，有这样一群女企业家，她们在商界这个男性主导的舞台上，用女性独有的刚柔并济，用不懈的奋斗和勤勉，打开一片玫瑰色的天空。朱敏，就是其中杰出的一位。

2001 年 9 月 24 号，是朱敏人生中一个重要日子。拎着一只皮箱，她来到北京，投入到北京华联印刷有限公司的筹备建设中，开始了职业生涯的登顶。那时的北京经济技术开发区，犹如一颗饱满的种子，正在破土发芽，到处是尘土飞扬的开发工地，而华联印刷的主体厂房也在建设之中。在这之后的 17 年里，朱敏扎根开发区，作为集团公司里第一个最年轻的副总，第一个最年轻的总经理，她的职业生涯画出漂亮的上升曲线，走出一条不平凡的女性企业家之路。

创业艰难百战多

朱敏，1995 年中南工业大学研究生毕业。毕业后到深圳中华商务联合印刷有限公司工作了 6 年。作为总公司里第一位内地经理，曾于1997年3月被派往香港总部——中华商务联合印刷（香港）有限公司，在那里培训及工作一年。

中华商务联合印刷（香港）有限公司，是一个中资机构，由商务印书馆的香港分厂和中华书局的香港分厂在 1980 年合并而成，曾为内地培养了大批印刷人才。也正是在这里，朱敏完成了她的专业提升。

经过一年的紧张建设，一座现代化的印刷厂房拔地而起。2002 年 8 月 16 号，北京华联印刷有限公司正式开业。公司投资 3600 万美元，成为当时北京投资规模最大，综合性、现代化的印刷企业。

朱敏带领一批刚刚毕业的大学生，头一年销售就超 1.5 亿。同时也开启了北京华联印刷大批量承接海外定单的先河。

在香港培训的那一年，朱敏学到了承接海外定单的流程、知识、沟通方式。因缘际会，这些储备的知识和经验，在北京华联印刷很快就用上了。一个俄罗斯客户，来到北京寻找印刷企业合作。在看到华联印刷现代化的厂房，精美的产品质量后，由衷地树起大拇指。朱敏清楚的记得，当时第一批海外订单是食谱类图书。慢慢的，除了俄罗斯市场，朱敏又开拓了哈萨克斯坦等俄语区的业务。

“创业的过程，是很艰苦的过程，但也是很快乐的过程。那个时候大家也都是青年，好多小朋友们都没有成家，一毕业就到这边，虽然挺辛苦，但是挺开心，那段时间的成就感很强。”在朱敏的记忆里，创业之初的那段激情燃烧的岁月是彩色的。

2001 年底，中国加入 WTO 后，经济表现卓越，国家蓬勃发展，延续了改革开放后高增长势头，每年 GDP 增长百分点保持在两位数，增长率位居所有经济大国之首。按照购买力平价衡量，中国对世界经济的贡献从改革开放初的 2% 上升到了 2010 年的 13%，成为仅次于美国之后的第二大经济体。

北京华联印刷搭上了历史的快车，迅猛成长。朱敏感受着这汹汹历史大潮，又用勤奋坚定地抓住了大潮中的机遇。厂子里的机器日夜不停的转动，而朱敏和同事们也都每天步履匆匆。即使是连轴转加班，她都不觉得累。做为主管销售的副总经理，她的桌上摆着两个座机，手里还拿着手机，基本一天电话响个不停。即使业务这么繁忙，朱敏也特别享受带队伍的成就感。手下一批刚出校门的新鲜人，要尽快把他们带上路。朱敏会在他们报送的每份报价单上做批注，待下班后，把销售员叫到跟前，给予详细指导。“当时，朱总喜欢用红笔批注，批完了以后我们特别喜欢看，就像老师批作业似的，告诉我们哪块算错了，哪块没想到之类。”一位老员工回忆，下班后销售们都不愿走，等着朱敏忙完后“上课”。这样的手把手带队伍，员工业务水平提高很快。没多久，华联员工在印刷圈里出了名。连印刷圈里的知名企业家都这样评论他们：“在北京的印刷圈里，华联出去的人特别受欢迎，因为水平不是一般的高。”

带着20多号销售员，身为主管销售的副总经理，朱敏既是领导也是知心大姐。有人要买房买车，会来询问她的意见。甚至连找媳妇也要让她掌掌眼。一天，一位同事的夫人即将临盆，因为是心脏病，怕出危险，这位员工心里不踏实。朱敏到医院陪着他，直到孩子平平安安的呱呱落地，她才离开。老部下们都认为她这个人，能力强，又特别有亲和力，是大家的主心骨。

朱敏这些傲人的业绩，扎实的群众基础，领导看在眼里。2010年，上级任命朱敏为北京华联印刷总经理。

举改革大旗奋斗

家里弥漫一股百合的清香，朱敏轻轻放下手中的旅行箱，疲惫的脸上露出轻松而愉快的笑容。勤劳的婆婆在厨房里施展厨艺。结婚多年的朱敏，幸运地没有做过一顿饭——婆婆宠得不会做，也不用做。细心的丈夫买回了她喜欢的百合，欢迎她的出差归家，正在上小学的女儿在自己的房间里忙着作业。看着女儿，朱敏心头涌上浓浓的歉意，自己工作忙，女儿的学习，管得太少了。家，总是这么让人放松和心安，给了自己最坚实的支持。

但是一想到公司里的事务，朱敏的思绪纷飞起来。她拿起了那本最近常常翻阅的《以奋斗者为本：华为公司人力资源管理纲要》。这是一本写华为公司管理的书，任正非是朱敏佩服的企业家。

因为各种原因，接手总经理这个职位并不顺利。一直都只负责销售，突然一下要全面掌舵，朱敏面临一个转型升级的全面挑战，更意想不到的被抛入一个湍急的漩涡。每天都有事发生，不是有人突然扔一个辞职报告立刻消失，就是被人举报，公司被突击检查……各种突发状况，应接不暇。最难的时候，朱敏神经高度紧张，如果这一天要不发生一点事，甚至觉得今天过的不踏实。有小半年的时间，半夜两三点才能入睡是常态。

人说，女本柔弱，为母则强。作为单位的一把手，身上的责任和“母亲”类似，朱敏在这段磨练中迅速成熟。朱敏只做她最该做的事情，其他的不去管它。“就像漩涡，你不动，它很快就会平静，你越动，它就越难静下来。”再回首那段经历，对朱敏而言已是一笔宝贵的财富。之前一直顺风顺水的朱敏，经此一役，处变不惊。

人，总是最复杂的。管理，离不开人员调整和制度改革。朱敏迎难而上。做绩效考核的改革，从副总开始。副总年龄比朱敏大。朱敏找他细致耐心的沟通，说清自己的考虑和战略安排，赢得了支持。紧接着她找公司里的香港人谈。香港同事不太接受:“在香港，我从来没有做过绩效考核。”朱敏不急不徐，笑眯眯的说：“我也知道香港是没有绩效考核，但不代表今后也没有。你在北京这么多年，应该了解到内地与香港的不同。我们做绩效考核，并不是要让大家收入降低，而是要通过努力达到目标，超额完成收入还会增加。作为部门经理，你在北京带头做绩效考核，接下来你去考核下面的同事，也就容易了，而且他们做得好，也是你的成就啊，你的目标也就能达成了呀。”副总同意了，香港人同意了，也就没有人再提反对意见了了，绩效考核推行开来，对公司管理带来很大提升。总公司的领导一到北京华联来，就感觉到处处绩效意识非常强。员工谈工作，开口井井有条，哪一块达标，哪一块没达标，小葱拌豆腐，一清二白。北京华联做绩效考核，是集团第一个,先行先试。如今成为成功经验在全集团推广。

女性管理者，往往有细腻的一面，但是杀伐决断往往功力不够。朱敏却不是这样。在一次采购中，她听到多人反映在用的供应商提供的产品不好，和一些一流企业选择国际大品牌的采购背道而驰。但是车间主管执意不换，说也换过，产品质量都受影响。朱敏不动声色，在自己做了深入了解后，把最好的国际品牌供应商叫来再咨询，问题出在配比操作上。在试用这款国际品牌的产品时，朱敏要求供应商每天把按标准配比好的产品送到每个机台上，并做好记录。经过半个月的持续记录比对，数据说明，国际品牌不存在质量问题。于是，朱敏果断地把车间负责人调走了。这件事，一下子把公司里的用人理念扭过来了。“只有真正为公司着想的人，真正为公司发展往前走的人，才是我所认同的人。”朱敏在公司大会上掷地有声：“我们一定是齐心协力的人，一定是志同道合的人，在后面掣肘的人，在我们的团队中没有生存空间！”

2010年之后，国家发展进入到一个新阶段。多年高速发展，带来一些行业的产能过剩，印刷产业也不例外。在一些低价竞争的挤压下，北京华联印刷的销售也不再有过去的高速增长。销售收入在2011年攀上最高点后开始回落。与此同时，互联网时代的到来，电子化对传统媒体的影响也越来越明显。

“规模经济效益递减，再投资，也不太可能产生效益了，就是这个过程。”市场在悄悄的发生变化。销售涨不上去，利润在减少，如何应对挑战？2015年，中央提出供给侧结构性改革。朱敏的应对之策也与之契合。“做减法”，先减掉不能够给公司带来价值的定单，也就是利润太薄的不做。

过去公司要速度，投资的速度，接单的速度，其实也忽略了管理的精细化。现在朱敏回头仔细一看，公司管理有一些粗放，不是那么精细化。朱敏选择先将管理精细化、科学化，公司管理各环节从数据化、标准化开始。但是说起来容易，做起难，从何处突破呢？这个萦绕在她脑海里的问题，终于在一日豁然开朗。

那天，印刷车间发生了一件事：一本书付印后，出现了批次不同，颜色浮动比较大的情况，客户不满意。朱敏拿着客户投诉的样本，来到生产车间询问情况。没想到印刷主管却辩解说：

"我觉得没有问题，反而是这一批颜色更好一点，你看人的脸不是更红润吗？"朱敏露出惯常的微笑，不急不恼："好不好，不能凭个人主观，而应该有具体的数据，如密度等等。拿着这个数字我们就可以去找第三方检测机构，这样才能和客户说得清楚标准。如果在标准范围之内，我亲自去做客户工作。如果不符合，你们啥都别跟我说，重印，按标准来印。"现场当时沉默了。于是这批书没有争议地重印了。

这件事，让朱敏很有感触。过去人们依靠印刷机机长的经验来处理印刷瑕疵。但是把产品质量寄托在人身上很有风险。标准化能减少人为因素。因此，朱敏坚决推行生产过程标准化，工序标准化。简单说，就是生产中，加了很多量度工具，测量手段，用数据说话。一开始，工人不习惯，认为麻烦。但是朱敏不为所动，执意改革。比如用密度仪、扫描仪量密度，量色彩值，比如要求设备定期保养，保养的各个环节都得认真去做，认真去检查。想让产品质量稳定，只能让一些可变因素都变成标准化，这样才能把质量控制住。就这样，朱敏花了 3 年时间，把工人们的习惯和观念扭过来了。如今如果让工人不按标准化操作，他们都不愿意了："好坏谁能说了算？"每每听到工人这么讲，朱敏就偷偷的乐。

精细化管理，推行到公司业务的各个方面。产品质量得到了稳定，客户评价随之攀升。2017 年，在外研社对供应商评比中，北京华联印刷拿了两个大奖：一个是质量第一名奖，一个是综合第一名奖。朱敏特别高兴，亲自去领奖。重要客户颁发的奖，在朱敏心中格外有分量。对朱敏而言，客户颁的奖，是请专家抽检评的，不但客观，而且代表者北京华联印刷第一阶段目标的实现。朱敏的获奖感言这样说，"习近平总书记在十九大的报告讲到，人民群众对美好生活的向往，就是我们的奋斗目标。对于印刷人，我们的产品也要升级，要让读者拿到这本书之后，从外表、包装、内容，还有整个设计，全方位都感到愉悦。中国的印刷业也到了这样的一个阶段，满足读者更高的、更美的追求和享受。”台下掌声雷动。那一刻，镁光灯打在朱敏脸上，发出动人的光芒。

为未来谋转型

北京华联印刷传统的产品结构，主要是图书、期刊等出版物。但是互联网时代对传统印刷业的冲击就在眼前。如何应对挑战？

“如何往新的方向去发展”是朱敏日思夜想的一个问题。她力推公司成立事业部，开拓文创产品。

在北京华联印刷宽敞的大会客厅墙上，挂着一套“圆明园四十景图”印刷复制品，共40幅，一边是精美的工笔画，一边是介绍画的文字，看起来古意盎然，文气煌煌，十分拨人心弦。

这些画的原本，由清代宫廷画家唐岱、沈源合画，字则来自乾隆的题字，由宫廷书法家汪由敦书写。这套恢弘的作品是150多年前英法联军侵华时被抢走的，后被收藏在法国国家图书馆。上海远东出版社得到机会，跟法国国家图书馆签了一个合作开发协议，得到授权再造，也就是高精度的复制。

在众多一流印刷单位中，上海远东出版社选择了北京华联印刷。为了能让这幅作品得以原大、原材质，华联印刷派了专业人士到法图对着原作现场调图打样，前后花了两个月的时间。除了色彩90%以上接近于原作，还有托裱物的材质与纹样，枯条的色泽等等都与原作品一致。2015年，中国国家图书馆跟法国国家图书馆共同举办了一个首发仪式，再造后的作品，被中国国家图书馆收藏。它不光是原材质，原大小这样的再造，北京华联印刷还赋予了一些新技术在作品里面。比如编了一套程序软件，在装裱层中加了RFID（无线射频技术）。因此这部产品被谁收藏、去了哪里都会有纪录可以溯源。每套售价40万。

这套"圆明园四十景图"就是朱敏力推的新产品之一。她希望利用在印刷领域的领先优势，整合相关资源，点亮一些创意、设计、把它变成产品。一直以来沁浸于文化当中，受到深厚的影响和熏陶，朱敏认为，北京华联印刷有文化底蕴可以转化出新产品。比如"南饶北季"，季羡林和饶宗颐齐名，饶宗颐老先生还健在，100岁了（注：写此文章时饶老100岁，他不幸于2018年2月6日作古，享年101岁）。北京华联印刷得到了他的一些绘画作品授权之后，开发出特色笺谱。朱敏仔细思考过公司的发展方向，认为公司对加工方面擅长，在生产过程中，华联跟纸打交道，跟加工工艺打交道，怎么去加工等等，这些都是华联擅长的。另外华联做生产出身的，熟悉各种供应商，有些东西华联知道怎么能够找得到，或者如何能够实现，这是华联的长处。因此朱敏对于跨界做文创产品很有信心。

在开发区里，华联印刷的香港总部又投资建了一个新基地，距离华联印刷5公里，将建设一个文化创意产业园。开发区的工业企业比较多，科技类企业比较多，但文化类企业不多。总部希望华联印刷借助总部的资源，加快改革创新的步伐，在文化领域里带头，以文化创意产业园为抓手，为开发区增添科技和文化共同驱动的特色。文化创意产业园建筑面积78000平方米，将会聚集京港等地区文化创意内容，比方说设计、展览展示、博物馆等，做成一个文化产品的产业链。朱敏计划在那里实现设计、打样、展示，将想法变成现实的孵化基地，打造成京港青年创意创业发展的平台。

随着北京疏解非首都核心功能，北京经济技术开发区与河北廊坊市联手打造北京亦庄永清高新技术产业开发区，承接北京相关产业转移。北京华联印刷信任开发区的管理，将紧随开发区的脚步为升级版的产业发展描绘新的蓝图。

企业家感言

我的梦想是这样的。站在河北新建园区内的大控制室里，从各个大屏幕上就能够清晰看到各个环节的生产，有序进行，人很少，特别的自动化、智能化。我希望北京华联印刷新的生产基地逐步实现自动化、智能化。同时，在中国文化走向世界过程中，北京华联印刷能做一些贡献。中国5000年的文明没有断过，中国文化一定是有特别值得骄傲的地方，或者一定有这样的一些道理或原因。希望能用自己的一点微薄的力量，让更多的国家能够了解到中国文化。

李先亮：
创业医生破解免疫密码

企业家小传

李先亮，北京朝阳医院肝胆胰脾外科副主任医师、副教授、硕士生导师。中国医科大学临床医疗系硕士。2001 年初师从中国工程院院士范上达教授攻读博士学位，2004 年获得香港大学博士学位。从 2007 年起，作为独立的研究学者，带领自己的团队，在移植免疫和调节性细胞方面进行了深入的研究工作。2010 年到北京朝阳医肝胆胰脾外科。2014 年入选科学中国人 2014“年度医疗人物”。2017 年荣获“人民好医生”称号。2018 年获评北京亦庄经济开发区第三批“亦麒麟”领军人才。

铭道医疗周年盛典暨产品发布会

8月底的北京暑热渐退，但在将近一千公里外的辽南半岛却掀起了阵阵“免疫热”，处于热浪中心的正是既会开刀又懂免疫治疗的大医生——李先亮教授。作为为数不多的医生创业者，李先亮教授自是有过人之处——2008年担任世界器官移植大会分会场主席，2006年被世界器官移植协会授予科研奖学金、2008年获得欧洲器官移植协会的年度高级研究课题奖励，2014年被评为科学中国人“年度医疗人物”，2017年荣获德技双馨“2017人民好医生”……当层层光环褪去之后，这位肿瘤和器官移植免疫耐受领域的专家最看重的是北京朝阳医院肝胆胰脾外科专家和铭道创新（北京）医疗技术有限公司董事长这两个身份。前者所关注的是不忘初心，治病救人；而后者则是再次出发，探寻健康之道，开创免疫为特色治未病健康管理体系。

少年的理想是悬壶济世

少年时期的梦想总是天真而高远，其中成为宇航员、科学家是很多学生的首选。与同学们的“光鲜”憧憬相比，成日与书本为伴的李先亮总觉得自己的想法过于平凡——他从小就想当个医生、当一个为老百姓健康把关的好医生，能帮助别人是他最大的快乐。斗转星移，当高考志愿这一道人生选择题摆在眼前的时候，执着的李先亮毫不犹豫，从第一栏到最后一栏全部选择了医学院校。后来老师们都说，凭李先亮的高考成绩，考去清华北大还是有希望的，可这少年的理想偏偏是悬壶济世。于是，在李先亮高中的校史上少了一个走进清华北大的好学生，而在医学、研发以及商界中却多了一个有能力、有技术、有方法、有格局的“四有”好医生。

1994年李先亮走进了梦寐以求的中国医科大学。许是李先亮的幸运，或者是其与器官移植研究的缘分，在攻读硕士期间，他有幸拜到了刘永锋教授（现任中国医科大学器官移植研究所所长）的门下，能够跟随着这位在全国知名、在东北地区数一数二的名师学习，本就天赋秉然、基本功扎实的李先亮更是进步飞快。2000年，香港大学胡应湘夫人奖学金项目在国内招收访问学者，但全国只有15个名额。在导师的鼓励和指点下，李先亮成功入选并成为了当期访问班的班长，来到香港大学玛丽医院外科深入研学肝脏移植和肝脏外科。半年后，李先亮在香港大学获得博士生入学资格，师从工程院院士、香港肝移植之父：

范上达院士。凭着努力和执着精神，李先亮从注册入学到博士毕业答辩，只用了两年半的时间，创下港大外科的博士生答辩记录。但正是这两年半，让李先亮学习了太多此前未了解的知识技能，曾经那扇微开的窗已成大开之势。禀赋过人加之名师指点，后入名校锤炼，李先亮在医疗领域的路越走越宽。

成绩是一个人最好的片。2006 年，李先亮就在波士顿世界器官移植大会庆祝酒会上大放异彩，这个黑眼睛黄皮肤的中国学者，被器官移植协会主席授予第一届科研奖学金，成为了全世界申请者中唯一一个获奖者；两年后，年仅 37 岁的李先亮受邀在 2008 年悉尼举行的世界器官移植大会上邀请报告，并作为执行主席主持临床免疫耐受的分会场；2009 年，李先亮在巴黎召开的欧洲器官移植大会上，获得了欧洲器官移植协会这一年度唯一的高级研究课题。

这几年，李先亮在专业领域的进步可以用“突飞猛进”四个字来形容，而对于个人成长则可概括为一帆风顺。透过种种荣誉，李先亮感到此时的自己已经为当初少年的梦想积蓄了足够的力量，创业正当其时。

上海、沈阳还是北京？在经过一番实地考察和分析后，李先亮认为北京的平台与自己的发展方向与未来规划更为契合，于是在 2010 年，李先亮以优秀人才的身份，走进了北京朝阳医院肝胆胰脾外科。

将目光投放到免疫领域

据粗略统计，2017 年，李先亮治疗的肿瘤及器官移植手术超过 400 例。临床上积累的经验助推了他对器官移植和肝胆胰腺肿瘤研究体系的搭建，给予了他日后在免疫领域大刀阔斧的底气。

其实，刚刚走进朝阳医院的李先亮并不适应，这种不适应并非源于业务，而是他需要不断进行转化才能适应医院的临床条件与环境。但是，即使在这种情况下，李先亮依然明确地知道自己职业发展的根本是什么。来到朝阳医院的第二年，李先亮就作为医院京蒙对口支援第六批医疗队的成员，来到了满洲里进行医疗培训和健康教育工作。回来后，李先亮曾坦言，此次“出征”对于他来说意义非凡，让他得以从不同的角度认识了自己的价值和明确了今后努力的方向。

此后，李先亮继续着领域内的深耕。他发现，在器官移植领域，每年都会有百分之五到十的患者受到长期慢性排斥反应或免疫抑制药物的毒副作用的严重影响，而这也是临床上左右移植患者长期生存效果的症结所在。所以，让器官移植患者的免疫系统形成免疫耐受，在不服用任何抗排斥药物的前提下完全接受移植器官就成了李先亮的主攻方向。为此，他将中西医学理论和技术及临床实践经验进行融合，创造出世界第一个全面深入的免疫状态全面检测分析技术（MICA）和免疫状态量化评分体系（MISS），

用来精确的指导器官移植术后免疫抑制药物的管理。他提出免疫嵌合性调节性细胞的概念，作为国际上首次提出这一概念并在器官移植领域开展研究的医生，李先亮希望通过该细胞机理的研究，实现临床的免疫耐受，而且李先亮也发现并注册了世界上第一个可以诱导免疫耐受的临床药物。在移植免疫耐受的道路上，李先亮已经处于世界先进行列。

肿瘤治疗是李先亮另一个主攻方向，结合多年的临床经验和免疫领域的探索与沉淀，李先亮总结出一套以免疫为核心，指导肿瘤治疗的四个层次理论，暨肿瘤绿色治疗模式。2016年，李先亮在《中华诊断学电子杂志》第一届编委会第三次会议暨第四届中华诊断学论坛做了“肿瘤绿色治疗模式的探索和临床应用”的汇报，引起了热烈反响，在学术界引起了肿瘤绿色治疗的旋风。

多年的潜心科研和临床实践以及曾经在海外从事研究工作的经验，让李先亮深知科研项目研究以及专业团队打造的重要性。在李先亮的主持申报下，他所在肝胆胰脾外科不仅获得了国家自然项目、973计划的开放课题等国家级科研项目，还揽获了教育部、人社部以及北京市自然基金等不同部门的科研项目。科室的科研水平也在项目研究的打磨中日渐提高，李先亮逐渐拥有了一只水平高、质量硬的团队。而他本人也成为了朝阳医院年轻的学科带头人，并担任中华医学会实验外科和转化医学分会全国委员，中华医学会器官移植分会基础研究学组委员，中国康复技术转化及发展促进会，精准医疗与肿瘤康复专业委员会常务理事，中国医师协会器官移植移植免疫协会常委，世界器官移植协会会员、欧洲器官移植协会会员、国际肝脏移植协会会员及法国树突状细胞俱乐部会员等职务，先后获得科学中国人“年度医疗人物”和“人民好医生”等荣誉。

为了筑梦进军商界

对于李先亮来说，2014 年是他成长中的分水岭，这一年《关于推进和规范医师多点执业的若干意见》取消了关于医生多点执业数量的限制。政策的开闸让既会动手术刀，又懂免疫的李先亮有了进军商界，把临床和实验室研究成果切实转化、落地的想法。

2015 年，李先亮借鉴了国外医生创业的经验，与几位志同道合的“战友”开始自掏腰包招兵买马，在一处 300 平的空间里，承载着“将临床上发现的新技术，通过公司转化，从而服务更多病人；把医疗、研发和产业结合起来形成一个良性循环”厚望的铭道创新（北京）医疗技术有限公司诞生了。通常情况下，创始人都会为了公司的成长绞尽脑汁找融资，可生性倔强的李先亮却将看好他们的投资机构和仗义出手相助的朋友挡在了门外。虽然他对自己的产品和技术充满信心，却不愿在公司运营没有十足把握的时候接受别人的资金。他不希望一旦出现问题而连累众人。在公司成立初期，李先亮和初创团队的成员们除了要完成医院里的工作还要身兼数职、不敢停歇。这种“折磨人”的日子一过就是一年多，直到 2017 年 3 月。

那一天春寒料峭，铭道医疗成立后首个产品发布会如期举办。一年多的蛰伏全都是为了这一刻——李先亮等人研发的免疫状态全面检测分析技术（MICA）和免疫状态量化评分体系（MISS）一经推出就在市场上掀起了巨浪。免疫状态的检测和量化评估，首次将亚健康人群通过指标的量化进行了定义，并可实施以亚健康人群的免疫状态为核心的健康管理方案，而且有望成为健康管理、亚健康定义和调控的创新性的指导标准。换句话说，当前我们所提到的“亚健康”已经不在只是一种健康状态，而是可以作为“疾病”进行检查和治疗。同时，这一技术还实现了对肿瘤治疗、自体免疫性疾病治疗、器官移植免疫抑制药物管理等多疾病的临床病情发展变化，有了个体免疫指标变化的动态监控。这项技术一经问世，就得到了学术界及众多资本方的密切关注，来自检测人群的统计数据和直接反馈更力证了其学术价值和临床价值。面对无处不在的鲜花和掌声，此时的李先亮喜忧参半，原来在此时的公司账户上，人民币已不足十万元，公司的生存压力到了极限，公司的现金流到了谷底，但是李先亮的信心却因为检测数据在临床病人身上得到一次次验证而受到极大的鼓励。

免疫状态的全面检测和量化评估作为铭道医疗的核心产品，为公司积累了资本和信誉。公司产品成熟后，铭道医疗就将扩充版图的计划提上了日程。面对一千万的融资额度，这一次李先亮尝试着通过在医疗的微信朋友圈里众筹的方式进行融资。令他没想到的是，这种在别人看似“不靠谱”的方法却收获了惊人的效果——第一天就收到数条合作信息，金额达三四百万；第二天达

到九百万；第三天以后，他开始试着跟大家解释“参与的人太多了，能否削减投放金额，毕竟都是朋友”。由此可见，业内人士不仅十分看好李先亮的事业，更对他这个人极为信任。

五年内免疫库数据达到百万

在为铭道医疗奔波的日子里，李先亮也从未忘记自己的另一重身份——医生。去年，李先量治疗了超过 400 例肿瘤及器官移植病人，除了极少数已进入晚期的患者，其他患者均在他的治疗下重获健康。

自铭道医疗成立以来，场地空间对其发展带来了束缚。2017 年，铭道医疗搬至北京经济技术开发区博大兴工业园中。这里的办公环境开阔大气，公司拥有独立办公大楼，整栋楼布局合理，实验室、生产间、办公区、洽谈区分布其中。从自己的办公室眺望远方，李先亮充满了斗志；而站在正在组建的生产区域，李先亮的奋斗目标则更加清晰——将铭道医疗建设成涵盖免疫检测、

免疫评估、免疫管理、免疫治疗全方位的创新型高科技生物公司；发展成亚健康量化检测及调控、跨肿瘤治疗、自体免疫性疾病治疗、器官移植免疫耐受诱导等多疾病领域综合性的免疫技术应用企业；整合国际、国内一流的肿瘤临床专家和免疫专家资源，建设集合消化道肿瘤、呼吸道肿瘤、泌尿系肿瘤和妇科肿瘤专家的自有的肿瘤专科医疗中心，以肿瘤的绿色治疗模式为核心，完善多学科业务协作，提供创新性的肿瘤全程治疗技术和治疗体系，成为国内技术最先进的肿瘤治疗中心。甚至具体到了每一环节上，利用两年的时间，深耕细作于国内免疫市场，争取每年收集免疫数据 20 万；五年内，免疫数据库总数据量达到 100 万；并争取早日开发建立外国人的免疫标准和免疫评估市场等。真正成为全方位免疫状态检测管理的开拓者、治未病健康管理的破冰者、绿色肿瘤治疗模式理念的领跑者。

如今的铭道医疗，正依靠免疫实验室（科研）、GMP 细胞工作站（生产）、独立医学检验实验室（免疫检测）、免疫医学研究所（研发）和临床治疗中心（医疗）。成为国内第一家拥有免疫检验所的全产业链服务平台的企业。有针对性地为健康人群、亚健康人群和肿瘤疾患人群及器官移植患者等提供免疫状态量化检测及评估、高值体检服务、亚健康调节及抗衰老等医疗产品和服务。顺从天道、尊重人道、探索医道、契合商道是铭道公司的理念,也是李先亮希望通过自己的探索真正的做到“上医治未病”，让“花钱买健康”不再是一句中性的宣传语，让人们都能够开心、健康、有尊严地老去，让更多有缘的伙伴和朋友们可以快乐健康的活到 120 岁。

企业家感言

青年无畏，匆匆香港法国十年。阳光、沙滩、草地已不足语，甚至自由、梦想和伴侣，也环绕其身。走过那段悠哉的时光，曾经留下满满的回忆，现在越来越模糊。

不知不觉步入加速的人生阶段，每一天，每个月，每一年，都飞速流逝，内心的恐慌泛滥，诸多要事未竟，可时间不够啦！

于是，许下愿望，提前透支了十年悠闲的青春岁月，要用今后二十年苦逼中年时光来补偿。

于是，创立了公司，跳入了商海，不懂不顾的挣扎前行。

非钱利所惑，内心责任使然，只为在另一个维度上，做我的大医生梦想。

世间万物皆有规律，即为道。做事情若可遵循医道、尊重人道、契合商道，则必然顺应天道，事可成也，此即铭道人的信念。

为此，把一天的光阴活出两天的质量，我无怨悔。

宁金鹰：农村少年逆袭成为肿瘤狙击手

企业家小传

宁金鹰，康源博创生物科技（北京）有限公司董事长兼总经理。济宁医学院临床医疗专业学士，北京大学生化与分子生物学专业博士。1997-2003 年期间，先后在北京大学医学部攻读硕士和博士学位。学习期间利用单克隆抗体技术制备肿瘤细胞特异抗体，鉴定肿瘤特异抗原。2017 年创建了康源博创生物科技有限公司。

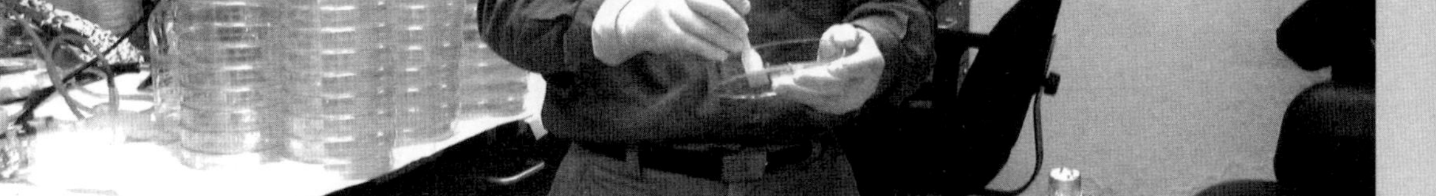
金聲玉振
ROCKEFELLER RESEARCH LABORATORIES

30多年前，一个没能如愿考上理想大学的鲁西娃登高远眺，渴望能在透过层层不如意寻找到自己的前程。然而，眼前所看到的只有那一片为他给养却并不丰沃的土地，田间归来，身后夕阳正浓。20多年前，这个齐鲁少年意气风发地来到了祖国的心脏，探索神秘的生命科学，曾经那看似遥不可及的科学家梦终于如愿以偿，一塔湖图的景致分外明朗。10年前，满怀报国心的他告别了大洋彼岸的盛情挽留，开始脚踏实地地报答培养自己的国家，雄心壮志升腾成了一幅壮美的蓝图。他就是宁金鹰。

出生于1968年的宁金鹰虽然没有经历太多的苦难，但童年时期物质匮乏的经历，常常成为激励他前进的最好的鞭策师。将自己的努力与不甘踩进岁月，宁金鹰终于在自己将近五十岁的时候创立了康源博创生物科技（北京）有限公司。康源博创坐落在北京经济技术开发区的生物医药园中。在园中的孵化楼六层，刚刚成立一年时间的康源博创犹如行驶在高速公路上的汽车快速向前。拥有多年“驾龄”的宁金鹰正在规划着合理的科研线路，为广大工业客户和临床肿瘤患者提供着个体化的解决方案和肿瘤精准医疗研发服务。

年少受挫与梦想失之交臂

宁金鹰出生在1968年，那个年代的孩子心中大多有一个“科学家梦”。作为小学、初中、高中时期的班长，学习成绩好、思想品德好的宁金鹰更是不例外，虽然出生在农家，却深信出处绝对不是自己进步的障碍。经过三年的寒窗苦读，宁金鹰本能考上心目中理想的学校，然而，许是太看重鲤鱼跃龙门的机会，高考成绩不如预期，与自己倾慕的学校失之交臂。看着调剂的专业，宁金鹰惨然一笑——临床医学在当时远不如今天这般热门。既然无缘于“科学”，那么唯有在“医学”上有所作为，接受现实的宁金鹰打点行囊，前往山东济宁医学院报到。这是宁金鹰第一次离开自己的故乡——山东莘县。

坐在大学课堂里的宁金鹰暂时放下了心中的梦想，一心一意地跟医学知识打起了交道。随着学习的日渐深入，他发现生命科学领域的魔力越来越强，吸引着自己不断探索。岁月斗转，以

优秀毕业生的身份留校任教，为宁金鹰的继续探索提供了机会。按照当年的政策，留任高校的教师，要接受为期一年的下基层锻炼——前往县里的二级医院完成“一线工作”。正是这一年的学习，让宁金鹰对临床医学有了更深刻地认识，原来还有那么多的医学问题等待我辈解决,原来医学工作者的肩上竟挑着如此重担。

结束了一年的基层学习后，宁金鹰终于站在了期盼已久的讲台上，每次讲课时宁金鹰的深情都能感染台下的学生。教师这一身份对于他来说，不是谋生的职业而是神圣的使命。有一次，校长听闻宁金鹰讲课从不带教材和任何讲稿却能滔滔不绝讲解 90 分钟课程，于是便亲临现场。一堂课下来，看着眼前这位年轻的教师，老校长既为宁金鹰严谨认真的备课感到欣慰，同时她也相信这个年轻人必定会有更广阔的明天。四年后，宁金鹰抱着对疾病发生机制的兴趣，成功考入了北京大学医学部，攻读肿瘤生物学博士学位。那一年，宁金鹰还不到 30 岁。

而立求学　有志男儿再深造

时间已经过去了 20 余年，但入学那一天的情景仿佛就在昨天。北京医科大学副校长兼研究生院院长韩启德在入学典礼上严肃地告诉宁金鹰等新一届的莘莘学子，你们生在了这个伟大的时代，就一定要做点事情。以无愧于这个时代。宁金鹰把“做点事情”四个字牢牢地记在了心中。北京作为全国的首都，拥有着毋庸置疑的学习环境和科研环境,这让求知若渴的宁金鹰如鱼得水。当时，他的导师正是单克隆抗体技术和肿瘤信号传导研究方面的知名专家，这也让宁金鹰有了更多的学习机会。好的平台催生了好的成绩。在此期间，宁金鹰主要利用单克隆抗体技术从事肿瘤特异抗原发现和肿瘤转移机制的研究。参与了国家 863 课题和国家自然科学基金重点项目的研究工作。2003 年，金鹰顺利获得博士学位。

之后的几年里，宁金鹰主要从事肿瘤发生的机制研究，在肿瘤致癌基因的蛋白修饰、信号转导通路和基因表达调控等癌症发生发展的机制方面进行了探索。他发现了癌基因 PLAGL2 的乙酰化调控方式以及该蛋白可能参与 P53 蛋白降解调控。对 miRNA 的产生，降解以及对蛋白翻译过程的调控进行了探索。在这个过程中，宁金鹰欣喜地感受到其实生命科学领域是相当宽容的，而年少时的科学家梦竟然就这么实现了。心怀祖国的人更愿意用更多的时间去学习。在宁金鹰看来，既有前沿科学理论的武装，又有扎实的实验技能训练，是祖国培养了他，他怎能辜负祖国的深情厚谊。

实业报国 学者走进工业界

毕业后，等待宁金鹰职业生涯的有两条路，一是进入科研机构，继续搞研究二是进入工业界，利用所学知识为社会“做蛋糕”。当众人都认为，宁金鹰会毫无悬念的选择前者时，他却出人意料地进入了中美冠科生物技术有限公司。为此，他的导师曾认为，不出三个月宁金鹰定会重返高校或学术单位。

作为中美冠科最早的员工之一，宁金鹰加入的时候，公司只有不到 20 人，如今的中美冠科早已发展成为了一家布局全球的上市公司。彼时的宁金鹰，在还没有完成 A 轮融资的中美冠科担当重任，随后由于出色的表现，先后担任执行总监、北京公司首席科学官和全球研发委员会主任等职务。期间，领导建立了肿瘤干细胞培养和各种药物筛选体系，通过大规模细胞水平药物筛选结合生物信息学分析，寻找肿瘤药物生物标记物，并申报多项专利。随后领导了与美国辉瑞、GSK 和强生等跨国公司的长期合作。研发内容涵盖了肿瘤药物靶点验证、抗体药物发现以及转化医学研究等。除此以外，宁金鹰还领导和参与了抗体大分子药物 PD1 抗体，化学小分子 C-Met 和 ALK 以及多靶点的络氨酸激酶抑制剂的研发工作。这些一类创新抗体药物和小分子化学药物，目前在我国和美国已经开展了临床试验。作为业务骨干，宁金鹰成了公司炙手可热的人物；作为公司发展壮大的参与者，宁金鹰已经成为集学科研究、药物研发、人才培养、平台搭建甚至业务对接能力于一体的全面型人才。但是，如果他没有接到大学同学的那个电话，如果他没有看到那一篇科学报道，康源博创的诞生可能要再推迟几年甚至更久。

2014 年底，宁金鹰接到了一位大学时期同学的电话，得知对方不幸患上了结肠癌并已经肺部转移。听着同学在电话里表达着对生命的渴望和对自己的期盼，宁金鹰作为一个有着多年肿瘤生物学研究和肿瘤药物研发经历的专业人士，在深感无能为力的同时又是如此迫切的希望有新的突破技术能够使晚期患者得以治愈。恰在此时，一篇科学报道映入宁金鹰的眼帘，原来国外的Rosenberg实验室，利用新的个体免疫治疗技术成功地治愈了一位胆管癌合并肺转移患者。身为一家肿瘤药物研发平台公司的首席科学家，宁金鹰对任何肿瘤方向新的技术均十分敏感。因此，一个创业的想法在他的心里悄悄发芽，他渴望自己也可以在这一领域开发新的技术。2016年，中美冠科成功上市后，给了宁金鹰更大的自信。创业之事指日可待。

宁金鹰始终认为自己是幸运的，因为他的创业一下竟取得了四方面的大力支持。首先是大环境的支持。他的创业决定在冥冥

之中迎合了时代的需要，从宁金鹰走进中美冠科到自己创业，中间的十年正好是我国生物制药快速发展的十年。可以说，康源博创生逢我国生物制药最好的时代。总的来说，过去几十年，我国的综合国力得到了极大的提高，让创业者们有了坚实的资本力量和与国际先进水平交流的底气与能力；我国的教育体系日渐庞大，为该领域培养了大量的生物技术人才，为行业发展培育了极为丰富的医疗资源。宁金鹰坚信，中国人已经具备了研发出国际领先的创新药物的实力、中国的创新药物时代已经真正来临。加上国家在生物医药板块香港上市政策的扶持，更使得这一行业具有了光明的未来。其次，在实际实施过程中，宁金鹰精心打造的创业计划也得到了天使投资机构的认可，因此，他并没有陷入缺钱的窘境，而身边的朋友绝大多数都精耕于医疗健康领域。在共同培养研究生、科研合作等方面，给了他到位的帮助。其三是家人的

支持。像宁金鹰这个年龄开始创业，家人的理解必不可少。恰巧他的爱人就是临床医生，身为医学博士的这位贤内助也承担着科研课题，不仅会对宁金鹰的研发工作充分理解，还对他的创业给与技术上的帮助。而这第四个支持则是来自北京经济技术开发区。原来在公司成立之初，尽管只有七八个人，但他们都拥有着多年的工作经验。强强联合使得康源博创一诞生就进入了快车道，公司的各个项目和技术平台发展速度惊人，宁金鹰在欣喜之余也意识到如果实验室场地和实验室产能的问题得不到妥善解决，将会极大遏制公司的发展。就在他一筹莫展之际，开发区得知了宁金鹰的苦恼，主动解困。亦庄生物医药园也为宁金鹰提供了实实在在地支持，其领包入住的办公模式、准备齐全的公共设施以及完备的孵化平台，有效解决了金鹰的燃眉之急和康源博创早期发展的难题。宁金鹰曾不止一次在公开场合表示，开发区的大环境对

康源博创这样处于起步阶段公司来说有着十分积极的影响。因为这里不仅有着有利于生物医药企业健康发展的生态环境，政府搭台、定期举行的各种会议、对接更让行业内的信息流通和人员合作显得十分便利。而且，开发区管委会对企业的扶持和帮助都是实质性的，所宣传的也都是真正落地的政策。他认为，自己到开发区创业是一个绝对正确的选择。

当前，康源博创正致力于新型抗体药物和个体免疫治疗新技术的研发。虽然公司刚刚成立一年有余，却在新型抗体研发、肿瘤个体疫苗等平台方向取得了优异的成绩。目前，公司利用基因编辑技术，围绕肿瘤药物研发最新靶点和热点，开发了 200 多种工程细胞株，极大促进了新一代的药物早期研究。同时构建完成了全合成的人源化噬菌体抗体文库，为新型抗体药物发现工作奠定了扎实的基础。值得一提的是，宁金鹰还和同事们齐心协力建立了业界最大的肿瘤细胞基因信息线上数据库。该数据库为英文界面，国内外客户只要通过简单的注册，就可以查到各种肿瘤药物靶点的筛选模型信息。

经过短时间的发展，康源博创当前的重要任务就是要继续融资、争取按照既定目标将公司推向一个更高的水平。而 FromDiscoverytoPatientCare 则是公司的远景，即从药物发现到为患者提供精准医疗。通过不断开发独特的技术平台，加速新型抗体药物和个体免疫治疗研发，尽早使临床患者通过康源博创人的努力而受益、使晚期肿瘤患者拥有更多获得治愈的机会。在宁金鹰看来，只要有了资本和技术的结合，有了企业和国家的共同努力，最终攻克肿瘤的时机，就不会太遥远。

企业家感言

首先感谢这个时代。前两年，微信圈有个帖子，列举了出生在各个不同年代人的生活状态和幸福感。我认为出生在60-70年代的人是最幸福的。不仅仅因为我们这一代人有幸见证和参与了祖国改革开放40年的伟大建设历程，同时由于童年时期都受到过非常朴素的爱国主义教育。心中有爱和信念总是幸福的。至今，我还清晰记得儿时的一首童谣：大雨哗哗下，北京来电话，让我去当兵，我还没长大。

其次，感谢亦庄开发区这片创新创业的沃土。开发区给予的扶持，关怀和实实在在的帮助，生物医药园拎包入住的便利设施和公共服务平台，定期举办的各种产业培训和学术交流等都为像康源博创这样的初创企业提供了极大的便利条件。

最后，我也要感谢我的家人。家庭是避风港，是心灵按摩师，更是激励我努力的力量之源。有了家人的无私帮助，才使这个年龄的我，依然有机会追逐儿时的梦想。

庞新星：
趁势而上　开拓创新

企业家小传

庞新星，男，1958年生人，籍贯河北省唐县，中共党员。1982年毕业于东北大学秦皇岛分校电子专业；清华大学首届EMBA学员，工商管理硕士学位；高级工程师。1988年创建四达公司并任董事长兼总经理，现任四达时代集团董事长；2016年度“首都市民学习之星”“北京市新闻出版广电行业领军人才”；2018年度北京经济技术开发区“亦麒麟”领军人才。

1988年10月，秦皇岛的秋天沉浸在一片凄冷之中。此时的庞新星，刚刚被迫离开单位，他艰难地蹬着自行车，心中一片迷茫，不知道接下来的路该如何去走。就在这一年，他创办了“四达”。30年过去，中国翻天覆地的变化举世瞩目。庞新星的生活、事业也发生了翻天覆地的变化。

2018年的庞新星，成为人们口中的“成功民营企业家”。30年来，庞新星带领的四达时代团队，在广播电视领域不断开拓创新，取得了多项成就。自2002年起，四达时代集团开拓非洲市场，在文化走出去方面取得了突出成绩。目前，已在全球超过40个国家注册成立公司或办事处，在近20个非洲国家开展数字电视运营，发展数字电视注册用户近2000万户，成为我国广电行业海外覆盖国家最广、用户增长最快、内容传输最多的企业以及在海外有较强实力与影响力的系统集成商、技术提供商、网络运营商、内容提供商，四达时代的下一个目标是“成为有世界影响力的传媒集团”。

此刻的庞新星，与30年前相比，内心是清晰的，但是一点儿也不轻松，四达时代还有很多任务要完成、有很多问题要解决。在他看来，这个世界日新月异，却很少有所谓的“跳跃式”变化，不过都是一点一点积累而来，所以要紧紧抓住眼前的机会，全力以赴眼下的事业。一个企业的发展壮大，无论别人看到的是什么，它都是一种水到渠成，是一个脚印接一个脚印走出来的。

勤勉敬业 信守承诺

庞新星最早接触到广电行业，还是在冶金部的地质队搞三产。1982 年从东北大学秦皇岛分校电子专业毕业后，因为成绩好被留校，但当时已经恋爱，留校只能留一个，庞新星就放弃了留校名额，到了秦皇岛地质四队。在地质四队，庞新星先后在教育科、宣传科任职，教学、办报、知识竞赛 ...... 每项任务都全身心投入，每项工作都干得风生水起，得到领导的认可，成为后备干部重点培养对象。

可是，庞新星对于机关工作不感兴趣，他喜欢自己的无线电专业。当时正赶上单位办三产，庞新星主动请缨，这个大家本来都不愿意干的要冒风险的事情，在庞新星的牵动下，竟然有不少人主动报名，大家都觉得跟着庞新星干有希望，“北京声像公司秦皇岛分公司”就这样挂牌成立了。

庞新星觉得一个人做的叫事情，人多了干的就叫事业。无论做事情还是干事业，都要有责任心，要把事做好。“北京声像公司秦皇岛分公司”最初只有12个人组成，庞新星带领这个小团队认认真真、踏踏实实地完成好每一个项目。

1986年的春节前夕，唐山供电局找到他们，想做家属院的闭路电视系统，当时看电视、放录像都是很先进的事情，唐山供电局希望大家能够在春节期间享受到这个福利，但是此时距离春节只有一个多月了，供电局感到自己联系的有点晚了，试探着寻问能否在节前把项目完成。

庞新星一口应了下来，他说到做到，把任务量进行划分。但当时首先就遇到供给紧张的问题，员工出差干活儿每人每天餐饮费补助5毛，房费3元。工作量那么大，员工们每天都非常辛苦，5毛钱的餐饮费根本吃不上什么。庞新星觉得这样肯定不行，有了困难就得拿出解决办法。他找到供电局商量，所有员工不住宾馆，能不能提供一个大空房子。供电局把一个旧礼堂腾了出来，庞新星带领大家用草席打地铺，还实行军事化管理，每天轮流值日，日常生活安排得井井有条。住宿变成了免费，庞新星把大家的房费和餐饮补助全部交给供电局，由供电局食堂给大家提供一日三餐，这样一来大家每天都吃的非常好。

食宿解决好了，庞新星就带领团队加班加点地干起来。整个项目实施期间他一天也没有回家，白天黑夜的和大家吃住在一起，团队里制定了严格的工作规范，大家紧张有序地开展工作，心情舒畅，干劲儿也十足。项目如期保质保量完成，供电局的领导、家属们给予团队极高评价，说在这支队伍身上看到了“深圳速度”。

就这样，一个项目接一个项目的做下来，庞新星带领的小团队给客户单位留下了很好的印象，取得了良好的口碑。随着业务量的逐渐增大，这支团队在第一年就给单位创收 10 多万，人均利润超过 1 万，这样的成绩让单位领导很是惊喜，也坚定了庞新星的信心，决心为单位开辟出第三产业的广阔前景。

始料未及 明确方向

一时间庞新星成了单位的“大红人”，受到各级领导高度重视。冶金部的机关报《中国冶金报》派记者专程到基层采访，将庞新星和他的“北京声像公司秦皇岛分公司”作为典型推广。可是，满载的荣誉却给庞新星招来了妒忌，就在他一心扑在工作上的时候，竟有人说庞新星有私心，想要脱离单位单干。

带着一肚子的委屈，庞新星被迫离开单位。庞新星的离开在单位内部引起很大风波，大家认为单位挤走了有能力的人，是大家的损失。当时有 9 个人主动要求跟着庞新星一起走。

这就是那个凄冷的 1988 年的秋天。庞新星夫妻 2 人再加上这 9 个人，去向何处，庞新星心里一点谱也没有。幸好，秦皇岛教育局收留了他们，因为之前工作上的接触，教育局的领导看好庞新星的能力与为人，要让庞新星当教育局副局长，分管校办企业。可是，庞新星觉得自己的性格不适合当领导。想来想去，他还是想继续留在广电行业干，这个工作他喜欢，也熟悉。最后商定，庞新星这几个人给教育局办个企业，搞承包制，每年上交一定数额的利润。

于是，就在 1988 年的 10 月，庞新星这 9 个人，5 个家庭，各自拿出 3500 元，凑了不到 2 万元，注册成立了“秦皇岛海港区声像技术工程部”，这便是“四达”的雏形。

庞新星走上创业道路，实属迫于无奈，完全没有人们谈到“下海潮”时的激情澎湃。但既然干，就要干出个样子来。企业经营的第一年，教育局的领导认为庞新星承诺的利润过高，为他感到担心，怕他无法按时如数完成。然而，连庞新星自己也没有想到，经营状况好的出人意料，不仅承诺的利润数额如数上交，还有了不少盈余。

3 年之后，承包期结束，“秦皇岛海港区声像技术工程部”利润总额竟达到近 100 万。100 万，这在当时是一个不可思议的数字。此时，就面临着两个选择：如果几个创业者把利润一分，绝对可以衣食无忧，踏踏实实过上好日子。如果搞扩大再生产，就要面临商场上的各种风险，如今的利润就有可能泡汤。

庞新星选择的是后者，他认为企业发展到今天，已经不仅仅属于创业者自身，而是属于所有为这个集体贡献力量的人。如果企业现在解散了，这么多员工去哪里？他们的未来怎么办？企业里很多员工都是从农村招来的中学毕业生，离开了企业他们就失去了全部生活保障。企业发展到现在不容易，刚刚干出点儿眉目，不能为了既得利益就放弃发展，不能因为害怕风险就止步不前。一个企业就是一个集体，是这个社会的一份子，需要担负起自己的责任。

庞新星没有“见好就收”，他聚焦的是如何大步向前。可是，要向前，就面临一系列的问题。企业向什么方向发展？企业壮大了，该如何更好地分配财富？如何实现科学的管理？经过商议，一部分创业者决定离开，他们从企业按比例拿走自己的份额。剩下的份额，一部分仍由留下的创业者按比例持有；一部分由企业集体所有，作为企业发展的基础和保障；另外还有一小部分分配给企业员工，按照员工为企业工作时间的长短、做出贡献的大小决定份额。这次股份重新分配后，庞新星所占比例最高，均等的股权形不成管理核心，庞新星拥有了高比例的股权，就拥有了公司发展方向的决定权，他决定将公司不断做大。

把握机遇　不断探索

随着法律环境的日渐完善，“秦皇岛海港区声像技术工程部”在 1991 年与秦皇岛教育局脱钩，“秦皇岛开发区四达电子有限公司”在秦皇岛开发区注册成立。

时任开发区主任为原海港区区长，与庞新星是旧相识，对于庞新星十分了解，四达的艰苦创业、积极探索、锐意创新、大胆实践，他都看在眼里，他知道“四达”正是开发区要大力扶持的企业。为了让“四达”获得更好发展，他尽其所能创造条件，他对庞新星说“要是来了外商，需要壮壮门面，就跟我说”，那时候企业还很少能有自己的小轿车，他主动表示只要“四达”接待高级客户，就往他办公室打电话，他负责给派小轿车。

1992 年，“四达”公司想要搞股份制，庞新星思考了很久，按照自己的构想起草了一个初步方案。就在这个时候，庞新星在《人民日报》上看到国家出台《股份制企业试点办法》，这个办法正是企业所急需的，他顿时如沐春风。庞新星密切关注政策实施，得知河北省要搞试点，立刻给秦皇岛体改委打报告，体改委负责这个事的领导竟然就是海港区的老区长、秦皇岛开发区的老主任，“四达”再一次踩准契机，顺利成为第一批河北省股份制试点企业。

回想“四达”刚成立时，资金不足、捉襟见肘，公司试探着向当地一家建行贷款。那个时候，个体企业从银行贷款还非常困难。恰巧，这家银行主管贷款的副行长，也是很了解庞新星的一位老领导，对于“四达”很信任，也很看好，银行愿意承担风险帮助企业。从这家建行拿到了7万元钱贷款，“四达”没有辜负信任，用这笔初创资金，实实在在地发展起来。

在庞新星看来，“四达”发展阶段的关键时期总有贵人相助；而旁观者可以看到，“四达”总是与时代同步，抓住每一次机会，奋力向前。“四达”既是城市不断跨越的受益者，更是经济蓬勃发展的推动者。

企业日渐壮大，庞新星考虑在秦皇岛很难再有更大发展，想到人才、资源聚集的北京发展。公司管理层质疑，目前利润表现很好，北京水太深，何必去那么不熟悉的环境里冒险？

庞新星并不这样认为，在他的眼里机遇总是大于挑战的，有困难就解决困难，没条件就创造条件，做公司就是逆水行舟，只有迎难而上，才能不断壮大自身实力，取得更大的胜利。否则就会不进则退，现在的业务量足够公司运转，以后业务量饱和了呢，公司怎么持续？这些都要未雨绸缪。1998年“四达”在北京设立分公司，2000年正式迁至北京。

没想到的是，刚到北京的几年，公司一路被骗，信心满满的想要引入高端人才，带动公司发展，来应聘的“人才”用的竟是假学历，拿了公司的福利就逃之夭夭；房地产商主动上门，给讲了很久按揭的好处，公司为之所动购置房产，真正签完买房合同，房地产商却矢口否认，指出合同条例上已注明公司购房不能走按揭，只能全款交付；公司新址装修费预付了一半，装修公司立刻不见，只剩下合同上的萝卜章。遇到这些情况，庞新星对于市场经济中的丑恶现象很是失望，但他从来没有怕过，遇到问题就去面对。

市场经济浪潮中一路拼杀，庞新星形成了自己的利益观：逐利无可厚非，企业的利润是靠劳动与智慧获得的，这样的利润本身就应该被尊重。但是，如果为了获利而不择手段，就决不能容忍。正是在应对各种利益纷争的过程中，“四达”逐渐成熟起来，学会运用法律思维去开展工作，坚决用法律手段捍卫自身权益。市场有市场的规则，庞新星很注重对于法律的遵守与运用，保护自己的利益，尊重他人的利益。庞新星坚信，企业要想做大做长久，在盈利的同时，要给更多人提供机会，给社会带来发展。

随着公司规模的逐渐扩大，管理与运营变得复杂起来，庞新星不断思考、不断实践。技术出身的他，得知清华招收工商管理学硕士，马上报名考试参加，通过学习，自己以往对于公司管理的一些思考得到了系统梳理，公司运营中的一些疑问找到了答案，针对性的学习给予庞新星很大帮助。毕业典礼时，庞新星发言“如果日后‘四达’能够取得一些成就，一定是得益于清华两年的EMBA教育”。从那时起，庞新星的信心与雄心进一步坚定，他知道自己要带着“四达”走向更远。

在庞新星的带领下，四达时代在中国广播电视市场不断精耕细作，通过合作促使运营商在管理机制、运营经验、业务规模、技术平台建设、增值业务运营等方面获得全面提升，逐步提高规模化发展和多业务综合运营能力，其投资和运营模式得到业界广泛认可。

同时，四达时代坚持走在时代前列，尽早为迎接有线数字电视“后整转时代”做足准备，将数字电视增值业务即“视频超市”业务，作为公司未来发展的重要战略支撑点之一，力求通过与广电运营商、内容提供商建立广泛、深入的合作关系，共同打造跨区域、跨网络的互动电视点播平台，实现视频点播业务的规模运营。自2004年起，分别与山东、山西、天津、甘肃等多省市广电机构共同出资成立数字电视公司，签署视频合作协议。

目前，四达时代已成为中国广播电视行业颇具影响力的系统集成商、技术提供商、网络运营商和内容提供商，并建立起良好的企业形象。

开拓海外　布局生态

随着国内广播电视整转的完成，“四达”将目光投向海外市场，在多地进行走访调研。2002年庞新星第一次抵达非洲，敏感地意识到这是一个非常好的市场。当时中国制造已走向全球各地，但中国文化还未大规模迈出国门，中国的文化企业也尚未具备与国际传媒大鳄直接竞争的实力，很难抢占现有市场。而非洲数字电视市场一片空白，非洲的经济发展又具备极大潜力，庞新星决心从这里开始，闯出一片新天地。

但面对如此广袤的非洲大地，如何进入，“四达”找不到入口，一时间完全找不到方向。起初想做有线电视，但是非洲地广人稀，有线电视投资太大，而且无法全范围铺设线路。就在不断寻找机会的过程中，无线电视技术逐渐成熟起来。庞新星多次往返于中非之间，终于建立起联系渠道，在2007年在卢旺达拿到第一张海外数字电视运营牌照。拿到牌照，四达并没有鲁莽行事，而是对技术体系、商业模式进行了全面验证后才开始正式投资开发。

非洲市场的开拓是一项全新事业，当然也是机遇与挑战并存，各种从未遇到的难题需要突破。四达时代不断总结经验教训，提炼形成卢旺达模式：以首都市场为起点、进而逐步扩大到中心城市、主要城镇、甚至农村地区，走“城市包围农村”的道路；并提出区别于非洲任何一家运营商的项目宗旨：让每一个非洲家庭都能买得起、看得起、看得好数字电视，共享数字电视的美好。

2008 年金融危机席卷全球，西方国家在非洲投资意愿大幅降低的机遇，“四达”抓住机会疯狂发展，以卢旺达模式为基础，投入大量资金，迅速在东非、西非、乃至泛非地区跑马圈地，奠定了四达时代非洲事业的基础。2014 年埃博拉病毒肆虐期间，企业没有撤出；中非社会骚乱，“四达”在当地的企业一天也没有停止营业，受到非洲国家和人民的极大认可与欢迎，树立了四达时代的品牌形象。目前“四达”已将信号覆盖非洲国家 90% 以上的人口，在 30 多个非洲国家注册成立公司，发展用户近千万，成为非洲大陆发展最快、影响最大的数字电视运营商。

庞新星在企业战略、经营模式方面的独到眼光造就了今天

的四达时代集团，其在广电领域的对外投资不仅实现了中国资本、技术、产品的走出去，而且通过深入民众的中非文化交流打破了西方对非洲的舆论控制，在中非之间打开了信息、文化、价值观的交流窗口。

2011年，四达时代成立译制中心，目前已建成具备中、英、法、葡、斯瓦西里、豪萨、祖鲁、约鲁巴、卢干达、特维等十个语种互译配音、产能1万小时的大型节目译制基地，完成了近200部中国影视剧的译制，《奋斗》、《咱们结婚吧》、《青年医生》等国产影视剧都在非洲掀起了收视热潮，风头远盖日韩剧。

如今，四达时代已经制定“先非洲、后亚洲、再欧美”的战略布局，决心步步为营、一路前行，向着最终愿景而不懈努力，让一个具有全球影响力的传媒集团出现在世界东方！

2015年12月，习近平主席在中非合作论坛约翰内斯堡峰会上，代表中国政府作出承诺，为非洲一万个村落实施收看卫星电视项目，即“万村通”项目。通过商务部等五部委调研、评审，经党中央、国务院批准，“四达”成为“万村通”的具体实施方。“四达”十分看重这个项目，这是党和国家交给“四达”的重要任务，也是“四达”建立良好企业形象的重要契机，是回报国家的重要时刻。

庞新星总讲，“四达”的生存、发展与祖国改革开放一路同行，企业的不断壮大与中国的国力进步、国运昌盛紧密相连。如果不是中国改革开放伟大时代所创造出的巨大发展机遇与良好商业环境，“四达”这样一个小小的民营企业是走不到今天的。

2012年正式搬入亦庄，开发区政府为企业提供各种各样的服务，从未找过任何麻烦，给企业提供了非常宽松的发展条件。企业遇到问题，找到开发区的相关部门和领导，他们会千方百计提供帮助，出台实实在在的措施，为企业解决资金困难、解决人才户口，真心实意地希望助力企业得到更大发展。

“四达”始终心怀感恩，在企业发展壮大的同时，坚持用自己的实际行动，为社会、为国家创造更多价值。

企业家感言

“雄关漫漫真如铁，而今迈步从头越！”

1935 年长征路上，娄山关战斗大获全胜后不久，毛泽东同志写下《忆秦娥·娄山关》，描写红军处境的艰难，表现战士们英勇顽强的精神。做企业虽不像长征路上流血牺牲，但它同样充满风险与挑战，同样需要不畏艰险的勇气与决心。“雄关漫漫真如铁，而今迈步从头越！”这话时常萦绕在我的脑海，让我感受到奋发突破的力量。

1988 年 10 月 17 日，四达从河北秦皇岛诞生。第一个十五年，四达实现了从小到大，从秦皇岛走向北京、走向全国，成为中国广电行业具有影响力的系统集成商。第二个十五年，四达实现了从单一业务走向多元经营，从中国走向非洲、走向世界，成为非洲地区具有影响力的系统集成商、技术提供商、网络运营商和传媒集团。如今，四达迎来第三个十五年，写下新的愿景——成为具有世界影响力的传媒集团。

2018 年是我国改革开放四十周年，“四达”在这一年迎来自己的而立之年。对“四达”而言，2018 注定是不平凡的一年。“雄关漫漫真如铁，而今迈步从头越！”四达时代集团将和祖国一道，不忘初心，砥砺前行。

史晓刚：原创高科技　奋斗正当时

企业家小传

史晓刚，北京理工大学电子科学与技术专业工学学士，工程师。北京枭龙科技有限公司创始人、董事长、CEO。荣获北京青年五四奖章、首都杰出青年设计人才、北京科协青年人才托举工程、中关村“高聚工程”创业领军人才；入选福布斯亚洲“30位30岁以下精英榜”，并荣登福布斯封面；当选共青团十八大全国代表、共青团北京市委员会委员等。

丁酉年腊月二十，2018年1月6日，晚上9时，史晓刚正在重庆江北国际机场愚小面快餐店用餐。今天是他27岁生日，他点了招牌牛肉面套餐，另外加了两个煎蛋，心里默念着“加油向前冲”。此时的他，即将踏上前往洛杉矶的航程，心里惦记着很多事，产品展览、参加论坛、洽谈合作……

史晓刚的表情变化不多，就像他的发型，从大学开始就没怎么变过。一头普通的短发，略显蓬松的头帘盖住宽大的额头，落在浓眉之上。1米75的个子，人很瘦但不显孱弱，肩关节支撑起衣服，棱角分明。史晓刚平时的穿着很简单，很少穿正装，大都是纯色休闲上衣，藏蓝色牛仔裤，尤其爱穿白色纯棉T恤，给人一股清爽安静、气定神闲之感，沉稳而不失青春气息。史晓刚说话时爱微笑，笑容中突显出清晰的面部轮廓。

就是这个青年，在24岁时创办了北京枭龙科技有限公司，带领公司埋头苦干、潜心研究，从市场需求分析、关键技术攻关、产品结构设计等方面不断深入，突破了光学棱镜成像、透视性光学显示、人工智能与图形分析技术深度结合等关键技术，在3年间实现了公司的跨越式发展。目前，枭龙公司拥有增强现实（AR）领域核心专利11项，成功研发AR警务智能眼镜、AR双目智能眼镜、AR军用单兵头盔等高技术产品，累计获得来自京东方集团、立讯精密等上市集团，北京理工大学、政府及风险投资（VC）

等机构的数亿元融资，成为国内增强现实（AR）领域的领导者。

“野心”与生俱来

史晓刚从小就是一个自我要求极高、自律能力极强的人。他喜欢给自己做规划，主动设定目标并且必须达到。刚进入小学，他就暗下决心，期末时必须把全年级第一的奖状拿回家，他确实做到了。从小学到初中，他的成绩从来都是第一。初中阶段他觉得要把英语学好，就去书店买来四、六级单词书籍进行背诵。如今他关于儿时的记忆，全部都是学习，他非常勤奋，不愿意浪费一分一秒，课间抓紧时间读书，吃饭跑去跑回，每天凌晨4点起床，天天如此、日复一日。那时候，学校每次月考后都要张贴光荣榜，光荣榜上的第一张照片总是他。史晓刚就是人们心目中“别人家的孩子”，史晓刚也感到自己就是个明星，是学习永远第一的传奇。

然而这一切成绩的取得，没有任何外在压力。史晓刚出生在天津的一个普通家庭，有一个比自己大11岁的哥哥，父母原本想再要个女孩，才有了他。对于他这个老来得子，父母的管教并不严格，准确说是十分宽松，几乎是溺爱。史晓刚自己也搞不清，心中那股追求卓越的精神来自于哪儿。或许是父母对于哥哥的教育，在家里营造出做人就应该要强、做事情就要出色的氛围。哥哥一直都很优秀，极为聪明但是较为懒散，父母经常对哥哥进行说教，这些教育潜移默化地影响着儿时的史晓刚。即便没有任何外在压力，他却总是在自我施压，或许这种内在的动力更加强大。史晓刚说，和哥哥比起来，自己可能不够聪明，从小获得的优异成绩都源自努力。

小时候学习成绩的持续优秀，在高三时发生了波折。还有一年就要高考，竞争压力倍增，史晓刚的名次从第一滑落到第三，在别人看来这也并不差劲，但是史晓刚接受不了，他本该是那个永远第一的传奇人物。那时候的史晓刚专注于学习，成绩就是他的全部世界，他没法接受自己的退步，感觉到天都要塌下来了，心情极为压抑。名次的微弱变化，让他感到别人在议论他，为什么不是第一了？晚上睡觉辗转反侧、难以入眠，受到情绪的干扰，他甚至不能进行正常的学习。高三只上了 2 个月，他就向父母提出，不想继续上学，想等一年再高考，一贯给予史晓刚绝对自由空间的父母，一下子就同意了他的想法。接下来的日子，史晓刚就在家里休息放松，大部分时间是去钓鱼，只是这样的日子久了，史晓刚感到实在无聊，他在家里呆不下去，主动提出回到学校，这时候距离高考还只有 1 个月的时间。

热爱所以坚持

重新回到学校，史晓刚又做回那个传奇人物，由于基础扎实，整个高三他只在学校学习了 3 个月，高考就获得非常优秀的成绩，按照志愿填报，他如愿考取了北京理工大学电子科学与技术专业。

填报志愿时，他提出要学习电子方面的专业，哥哥提出了哈工大和北理工两个院校的建议，他选择了位于首都的北理工。史晓刚的哥哥是名电子工程师，一直做军工方面的科研工作，生活中也是个超级电子发烧友。正是这个缘故，史晓刚在很小的时候就接触到到各式各样的电子元器件和测量仪器，对于物理、数学两个学科产生了浓厚的兴趣，初中阶段就找到高中的教课书自学。史晓刚喜欢自己动手，通过一个个环节、一遍遍实验，做出属于自己的科技产品，去实践那些他在课本上了解到的科学规律。

生活中的很多事情早已淡忘，但是自己制作第一个科技产品的情景，还历历在目，那是初中天津青少年科技大赛，比赛题目是制作“电磁炮”模型。“电磁炮”发射炮弹用到的原理是洛伦兹力，对于这个物理知识点，史晓刚早就知道，不仅如此，他还知道“电磁炮”的军事用途十分广泛。史晓刚十分认真地对待这次任务，比赛当天他信心满满地走上赛场，把自己独立制作完成的电磁发射装备摆放好，当考官老师让他开始演示时，他小心翼翼地将小小钢珠“炮弹”放上金属轨道，屏气凝神地按下开关。可就在那一刻，“炮弹”没有射出想象中的长距离弧线，反而是一动不动，比赛就这样结束了。在家里百试不爽，到了考场却出了状况，史晓刚十分沮丧，但是他也知道，科技产品就是这样，环境当中的很多因素都可能对实验结果造成影响，稳定性本来就是比赛竞争很重要的一个方面。

这次失败的比赛成为一个开端。自那以后，史晓刚便开始了科技竞赛之路，学习之余，他动手制作各种科技产品，参加各种科技竞赛，拿过不少奖项，高中时曾获得天津市青少年科技创新大赛一等奖。那次也是个命题比赛，要求制作一个自动测量不

规则物体体积的装置。史晓刚想到一个办法，找到一个杯子，把不规则物体扔进去，然后往里面灌水，灌满之后计算出水的体积，然后用空杯子的容积减去水的体积，就是不规则物体的体积。史晓刚觉得这个办法可行，接下来就是如何制作一个电子产品，来自动实现这个过程。电子产品的制作全部依靠自己，若想取得成功缺少哪个环节也不行。那个时候，史晓刚已经接触过单片机编程，自己设计了一个小电路，他没有电脑界面的编程经验，就向哥哥学习，很快自己就能够写出代码，实现鼠标一键操作的电脑界面。操作界面有了、自动装置制作完成了，却还没有可以注水的量杯，史晓刚跑到商场去问，量杯属于化学装置，是买不到的。于是他想到了化学老师，从学校里借了量杯出来。这次比赛是成功的，运用史晓刚的原创方法，装置自动计算出不规则物品的体积，结果准确度极高。

参加大大小小各种科技竞赛，大学报考电子科学与技术专业，这一切对史晓刚而言，都是一个自然而然的过程。直到高中毕业，他都从未想过自己的未来会与电子领域有着怎样明确具体的关系，他只知道自己很喜欢这种科技产品制作的过程，他喜欢用自己制作的产品去印证科学规律、去实现某种功能。

探索中寻找方向

史晓刚以 610 多分的成绩考入北理工，本以为这样的高考分数，足可以让自己成为同学当中的佼佼者。可真正入了学才知道，周围全都是来自各省的优秀生源，拼成绩自己一点优势也没有。史晓刚不甘心就这样泯于众人，如果拼成绩不行，那就另辟他径，总要有一样东西做到出类拔萃，他要保持住自己的传奇形象。就这样，史晓刚充分发挥从小形成的爱好特长，一头扎入科技比赛，他将自己的全部热情投入到电子领域的科研实验当中。

也是从那时候起，史晓刚明确了自己的创业目标，他喜欢电子科技，这个爱好从小到大一直伴随着自己，积累了经验、锻炼了能力。如同刚进入小学，他就给自己制定了目标：拿到年级第一的奖状。步入大学不久，史晓刚就告诉自己：要创办自己的电子科技公司、研发真正属于自己的原创产品。

电子科技的世界很广阔，要从什么技术入手，进行哪个领域的研发，史晓刚没有明确的想法。他知道，自己要通过不断地学习与积累，探索出属于自己的创业方向。大学期间，他订阅了《电子发烧友》《航空科学技术》等专业杂志，密切关注行业发展，不断扩大视野。他竞聘了校学生科协主席，不仅自己搞研发，还带领团队参加各种科技比赛，积累科技创新知识和研发经验，获得过不少荣誉。北理工十分重视学生科技创新实践活动，对于史晓刚这样的学生给予了非常优越的实验环境。那时候，史晓刚拥有自己的办公室和一个管理团队，负责学校本科生整体科研创新管理工作。

史晓刚逐渐将目光聚焦到无人机领域，认为这个领域在未来大有所为。那时候，致力于无人机领域的深圳市大疆创新科技有限公司还处于初创阶段，史晓刚就注意到它，并且研究它的产品。大学期间，史晓刚做了很多无人机领域的相关研发，有针对性地为创业奠定基础。他曾组建团队，研发“垂直起降固定翼无人机”，这种无人机不需要跑道，却可以飞得高飞得快飞得远，美国的F-35战斗机就具备这个优势，遇到战场上跑道被炸的情况，可以发挥很大作用。为了研发这样一个无人机，史晓刚找到学校宇航学院、机械学院的技术牛人共同组建团队，自己负责最核心的自动控制算法和硬件设计,学校为团队提供了独立实验室。经过两年时间，团队攻克技术难关，实现了无人机从垂直上升到转向平飞过程的绝对稳定，获得“挑战杯”大学生课外学术科技作品竞赛一等奖。

可是当2013年7月大学毕业，史晓刚意识到无人机领域的竞争格局已基本形成，没有留给新人什么机会。他只能放弃这个领域，另做谋划。史晓刚选择先到华为去工作，他的目标很明确，就是要向高度重视技术的华为公司学习技术和项目管理，并在这里寻找志同道合的人一起创业。加入华为后，史晓刚在北京研究所工作，负责智能手机硬件技术的研发，当时做的是Mate2的硬件。直到今天，史晓刚依旧很感谢华为，正是那里奠定了他技术创业的良好基础。

工作中，史晓刚接触到华为核心技术中心2012实验室，他积极与实验室专家进行交流，关注技术前沿。他知道了增强现实（AR）技术，了解到这项技术的前景被很多专家看好，世界各国资本方一致认为，运用这项技术研发出的产品，将在未来取代计算机、手机，成为个人日常移动计算平台。但这项技术还很超前，真正投入资金对此进行研发的机构并不多。一直寻找创业方向的史晓刚对此动了心。

而坚定他信心的是Google研发的Googleglass，那在当时是一款划时代产品，运用的就是增强现实（AR）技术。2013年4月，Googleglass产品拆解图在互联网上发布，史晓刚第一时间找来进行研究。2014年4月GoogleGlass正式开放网上订购，工资不足7000元的史晓刚，花费1万多元买了一台进行拆解分析。对于产品的研究坚定了史晓刚的信心，他确信自己可以进入到这个领域，认定增强现实（AR）技术就是自己的创业方向。

没有什么可以阻挡

明确了创业方向，史晓刚毅然辞职。那时候的他，仅仅是明确了技术方向，要做什么产品？市场在哪里？创业团队在哪里？创业资金哪里来？创办公司都需要那些条件？他统统没有想清楚。但是史晓刚认为，创业永远没有万事俱备的时刻，没有条件成熟的时刻。如果总是在准备、在等待，那就不要创业了。既然选定了技术方向，就不要在徘徊中消磨自己的意志。创业，就要破釜沉舟、不留后路。

2015 年 5 月，24 岁的史晓刚正式创办北京枭龙科技有限公司，如今公司运营 3 年，回头去看，当初的选择是正确的。事业是干出来的，办法要在实践中寻找。所有的成功都是水到则渠成，不会有现成的渠道等待水流轻松淌过。从最初只有几十万的投资，每天夜以继日地研究，拿着电路板原型向投资方做演示，到拉来第一笔可观资金，公司不断发展壮大。

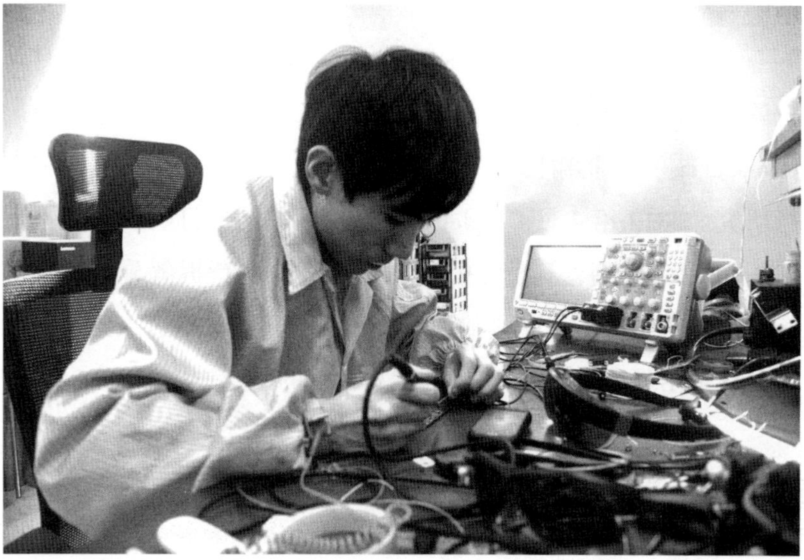

2016年9月，枭龙公司拿到由京东方集团领投的5000万人民币A+轮融资。那时，公司尚处于初创阶段，领导者如此年轻、没有任何背景，公司还没有产品量产上市、存在很大财务风险。然而，就是这样一家公司，在成立1年的时间内，完成了天使、A和A+三轮融资，估值达数亿人民币，受到资本方、政府、媒体的一致看好。

这看好背后，最为关键的因素是枭龙公司的原创精神，及其对于新兴技术的能力与专注。史晓刚始终专注增强现实技术（AR），将AR技术和警用安防结合，综合研发出针对警用安防领域专属解决方案，推出AR警务智能眼镜，这款AR智能眼镜支持USB协议、三维调节、OIS光学防抖、双触控操作、双屏异显，首创无遮挡设计，具备信息可视化、解放双手、信息实时互通等功能与特性，重量仅约30克，可搭配枭龙科技研发的智能终端使用，延伸版本可配合警务通、警务专用手机使用。为警务安防领域提供包含人脸、身份证、车牌识别等移动智能识别系统，监督巡查等工作的现场记录以及双向指挥通信等解决方案，警务人员可通过AR警务智能眼镜在同一时间内快速识别多个目标，即时确认目标信息，大幅度提高安防协查工作效率以及发现嫌疑人的概率与数量。

同时，公司自主研发了针对企业级的AR双目智能眼镜，并于2017年10月实现量产，成功应用于目标企业。该产品拥有微显示屏、复合人机交互等先进技术，具有双目大视场角显示、虚实融合、手势交互等功能，具备“解放双手”和“信息近眼显示”的特性，可结合互联网、AR技术、以及行业需求定制开发专属功能，可广泛应用于制造装配、仓储物流、机器维修、医疗护理、设计规划等领域。

最为可贵的是，这款AR双目智能眼镜为国内首创，整体技术处于国际领先水平，它将极大推动增强现实（AR）领域光学显示、交互、虚实融合等技术在国内的发展速度，从而提升我国在新兴技术产业的核心竞争力。

3年来，枭龙科技不断在核心技术上取得突破，研发多种产品。获评国家高新技术企业，北京亦庄第三届创新创业大赛一等奖，北京市最具投资价值文化创意企业50强、2017“创客中国”创新创业大赛50强企业、2017年第二届“T100新技术·新产品创新力行动”优秀企业奖等一系列奖项。

一路走来，史晓刚遇到的挑战绝不仅仅局限在技术层面。相反，他正在努力跳出技术思维。史晓刚说，学生时代参加科技竞赛，需要的是技术思维，参赛产品的设计目标就是要向评委展现出自己科技水平的高超。然而，现在他面对的是市场，需要的是产品思维，再牛的能力水平，不被社会需要，也是英雄无用武之地。再进一步，他还要将产品思维升级为商业思维。如何推进企业的战略布局，如何解决好盈利与发展的关系，才是史晓刚当前考虑最多的问题。

企业不断发展的过程，也是史晓刚不断自我突破的过程。各种公司财务、企业管理的知识空白需要弥补，各种资源整合、市场拓展的经验盲区需要消除，各种能力短板、性格局限的个人瓶颈需要突破。曾经，史晓刚为了第二天的产品路演，整晚辗转反侧；为了公司内部会议的讲话，需要提前到卫生间吸烟镇定情绪；原本不善言谈的他，在公开场合说话，紧张到声音不断颤抖。然而现在，产品宣传演讲、企业家座谈发言、政府媒体接待已经成为他日常工作的一部分。现在的史晓刚再也不是那个只知道钻研技术的理工男，企业领导者的角色要求他不断自我革新。

2017年5月4日，枭龙光学正式在亦庄成立，专门定位于AR核心光学显示技术的研发和产业化。这是枭龙科技发展上游核心技术的一项战略性举措，充分发挥在亦庄的股东京东方的作用、利用亦庄光学产业优势。亦庄开发区为企业提供了大量产业资源、社会资源对接，为企业发展提供了大力支持。

时刻保持清醒

当前，史晓刚与枭龙公司的知名度不断提高。史晓刚却更加如履薄冰，他说现在又多了一项任务，那就是战胜诱惑。史晓刚并不讳言，几年来公司发展速度的确很快，但这其中有很大的幸运成分，国家对于青年人才的重视，“双创”环境下政府给予高新技术企业的诸多优惠政策，都实实在在地体现在自己身上。2016 年，公司刚成立一年，史晓刚就获得“中关村高聚工程创业领军人才”，解决了北京市户口，获得个人奖金 100 万元，当时一起获奖的有京东的刘强东、奇虎 360 的周鸿祎。

史晓刚说自己要时刻保持清醒，作为一个企业的主导者自己要随时保持危机意识、风险意识，创业者永远在路上，道阻且长，自己脚下的每一步都至关重要。枭龙公司面对的问题还很多，增强现实（AR）技术全世界都在探索，如何不断强化自有力量，与国内外顶级专家、高校科研院所合作，促进公司核心技术的发展；怎样尽快实现产品大规模商业化落地，都需要不断探索、实践。

作为一名恰逢发展机遇、成长在利好时代的年轻企业家，史晓刚希望自己能够更早地回馈社会。虽然他已经很少坐在实验台前，但是他对于电子科技的热爱没有改变，而且已经升级。他毫不隐藏自己的雄心，他希望能通过自己的力量，促进促进电子行业的发展，让更多的人因技术获益。

2016 年，史晓刚与母校北京理工大学共同探讨，决定将部分企业股权捐赠给母校，这开创了校友捐赠的全新模式，为全国首例。史晓刚说，希望通过这种方式将企业与学校深度绑定，这既表达了自己对于母校的感恩之情，也意味着企业要在长久的未来与母校共同成长的一份承诺。

企业家感言

创业当中遇到的困难太多了，每一天都有新的问题和新的风险。创业者就是要迎难而上、勇往直前。

要创业就要接受未知的挑战。创业不是说你会干什么就干什么，想干什么就干什么。更多时候，干的都是你不愿做的、不想做的、不会做的。所以，自己必须极速成长，用极强的学习力、成长力，进行快速的自我更新、自我完善，去完成原本干不成的事情、实现原本达不到得目标。这需要很大的信心、很强的决心，需要不达目的绝不放弃的勇气，不解决问题永不退缩的意志。

创业者是一个企业的主导者、一个团体的带领者。一般人在工作中的角色很固定，而创业者要八面玲珑，要把方方面面的事情承担起来。他身上肩负的不仅仅是自己的利益和目标，还承载着团队的信任、投资方的认可，政府、媒体的支持与看好。他不仅要对自己的未来负责，还要对团队的未来负责，甚至为行业的未来奋斗。没有退步的空间，没有犹豫的余地。

创业，就是要让自己成为从未想过的样子，不断登上一座座高不可攀的山峰，其中充斥着无奈、孤独与无助。酸甜苦辣，冷暖自知。也许，这就是创业者的必经之路。

章文羿：生物医药领域诠释“社会责任”

企业家小传

章文弈，安必奇生物科技有限公司董事长，1996年9月至2000年6月就读于北京大学理学实验班化学系；2006年5月至今于CreativeDynamicsInc任董事长。

从北京到纽约，从中关村到北京亦庄，章文羿似乎每走一步都带有浓郁的时代色彩。作为我国改革开放的同龄人，他最常挂在嘴边的两个关键词就是“科学技术”和“社会责任”。前者成为他成长、发展路上的风向标，后者则让他的每一次抉择都与社会需求产生着联系。因此，当北京安必奇生物科技有限公司这一抗体研发服务公司绽放在北京经济技术开发区的时候，竟然显得如此的自然而契合。

有志少年“解读”科学技术与生产力

1978 年，改革开放的号角响彻了神州大地；这一年，承载着父母厚望的章文羿呱呱落地，出生在了中关村这片神奇的土地上。彼时，此地尚显荒凉，却蕴藏着无尽地希望。

谈笑有鸿儒，往来无白丁。对于幼年的章文羿而言，这绝不是书中的经典名句，而是现实生活的真实写照。因此，无需父母督促，章文羿已经有了自己未来的目标和成长的动力——要像周围的院士叔叔、阿姨一样，当一个科学家。1988 年 9 月 5 日，邓小平在会见捷克斯洛伐克总统胡萨克时，提出了“科学技术是第一生产力”的著名论断，这件事犹如一粒石子投入湖心，在这个只有 10 岁的男孩的心中激起了层层涟漪。于是，在章文羿的整个青春篇章中便写满了奋斗和力争解读“科学技术转化为生产力”的理想。功夫不负苦心人，在多年后的那个金秋九月，章文羿终于如愿以偿地站在了北京大学的校门前，满脸的意气风发。

考入北大理科实验班（现为北大元培学院），章文羿满怀憧憬的推开了理科世界的大门。正值少年的他当然知道，这里每年不超过 200 人的新生选拔率是多么严苛，而其通过强化理科基础、培养出一批又一批的高水平跨学科人才又是多么的备受关注。北大理科实验班的四年不仅夯实了章文羿的多学科基础，为他为此后跨学科研发储蓄了力量，而且北大精神和老师们对待学习的态度也给了他潜移默化的影响。时至今日，章文羿对老师讲述的一个有关其本人的故事依然记忆犹新，甚至那个故事曾在他初期创业遇阻的时候一度成为他前行的动力。

同那个年代的大部分学生一样，章文羿的老师也曾有过上山下乡的经历，告别了熟悉的课堂来到了陌生的煤矿，年轻的老师在深入地底的矿中挖掘着渺茫的希望。当时，本地的矿工病了，会没有后顾之忧的请假休息，而若是老师等人病了只能忍着，因为一旦请假就是失去当天的口粮。这样的日子一过就是九年。然而就是在这样艰苦的条件下，章文羿的老师依然没有放弃学习。无论每天的工作量有多大，他都会留出固定的时间去翻开课本。因此，当恢复研究生录取考试的消息传来的时候，准备了很久的老师毫无意外的一举中第，那些仓皇迎战的同学则把没能握住这次机会。每每回忆起这段历史的时候，老师都会语重心长地告诉章文羿等人，无论何时都不要放弃学习、放弃希望。

未承父愿　转身投入工业界

章文羿自小接受的教育便是勤俭节约、自强自立。所以，他一直没有伸手向家里要过生活费。而学校为了鼓励学生们勤工俭学，更为他们创造了诸多机会。品学兼优的章文羿则通过全额奖学金和参与课题研究保证了学业和生活。在他乡的日子，与知识和信仰为的伍章文羿并不寂寞。而因为勤于思考且不畏辛苦，年纪轻轻的章文羿就曾取得了令人瞩目的成绩——凭着优异的研究成果在世界生物物理学会年会上被评选为最佳学生研究奖。须知，这个奖项每年在全球只有10个名额。那次得奖让章文羿更具信心之外，也开始思考未来的发展方向。

优秀的人总是更容易吸引到与他同样优秀的人，这句话在章文羿身上得到了恰到好处的诠释。那时的他已经开始为自己的未来进行规划设计，与同学尝试着建立了安必奇生物科技有限公司，希望能够通过这种方式实现当年的梦想——将科学技术转化为生产力，但由于对他国市场和体制的不清难免会给章文羿的前行及其公司的发展增加困难，直到他邂逅了一位已经毕业的学长。据章文羿回忆，那位涉足生物医药领域的学长在创业的时候不过20岁左右，创业之初也曾遇到过资金周转难、业务开拓难等问

题，后来这个学长通过频频参加生物医药领域的培训和相关主题的论坛，并担任比选的评委认识了很多业内人士，编织了业务网络，终于为公司寻得了出路。这个故事对于章文羿来说，仿佛拨云见日。学长的创业模式为章文羿理理清了思路、节省了摸索的时间，让他得以目标加清晰地与相关生物制药公司建立起合作关系，即通过为他们提供技术服务来实现自己公司的壮大。加之那一年，国际科研机构预测 2010 年单克隆抗体全球销售额将达到 260 亿美元，其中中国将达到了 50 亿元人民币的销售额，而且在未来 10 年内，单克隆抗体药物将成为全球生物制药领域的佼佼者,而制约单抗药物开发的因素在于基因工程高尖技术的攻克，因此拥有一个强大的研发团队将使相关公司的抗体新药研发事半功倍。由此可见，无论是单克隆抗体药物还是相关研发团队都将拥有广阔的发展前景。

尽管章文羿的公司前景很好、创业梦想得以实现，但他对父亲却始终心怀歉疚。作为科研人员的父亲一直希望章文羿能够“子承父业”，去往高校或者科研机关成为一名老师或者研究员，但怎奈他有更大的抱负。曾经那个在大学期间还仅限于脚踏实地、魄力不足的年轻人，早已在见过大山大水之后，有了于工业界大展拳脚的雄心壮志。

生逢盛世　续写产业新篇

章文羿跟合作伙伴聊天地时候常说，当梦想照进现实的时候，他首先要感谢的就是政府“送”来好政策，他愿意把自己的成功归结为“生逢盛世”。章文羿与合作伙伴进行了大胆的预判——国内的创业环境已经成熟，科技型创业企业将迎来大发展，而对于深耕生物领域的他们来说，选择创业恰逢其时。

2010年，那时的创业者们对北京经济技术开发区还没有太多印象。随着业务体量的不断增加，2011年，章文羿将目光投放到了北京亦庄。那时的开发区与中关村两翼之势日渐明显，而且对于章文羿来说，虽然是第一次走进开发区却令他倍感熟悉，原来这里的整体环境与他曾经在美生活过的城市极为相似。初入开发区，章文羿就得到了开发区相关职能部门的大力支持。这为安必奇在这里壮大的注入了信心与动力。

很多创业者都曾遇到过融资难的尴尬，但章文羿自创业以来却从未因"钱"发过愁，且发展至今安必奇从未引入风险投资，公司的研发等项目投入全部来自于公司的业务收入。其中，服务和研发产品则是安必奇发展的两个拳头项目。不用融资这一点让章文羿引以为豪，同时也力证了安必奇的研发和造血能力。作为安必奇的掌舵人，章文羿亦有不俗的成绩。此前他已经主导打造了多个诊断试剂和新药研发平台，其中就包括国家十三五重大专项乙肝子课题项目，CTC（循环肿瘤细胞）、ctDNA（循环肿瘤DNA）诊断试剂和创新细胞治疗药物研发平台。在经过了短暂的调整之后，安必奇在2013年10月开始频频发力，先是在HER2基因检测试剂盒方面取得重大进展，推动了HER2基因与临床病理特征关系的深入研究；随后章文羿的研发团队与吉林大学合作开发乙肝治疗的创新伴随诊断产品，即HBVPreS1检测试剂盒；再后，安必奇团队被委以重任，承担国家十三五重大专项，艾滋病和病毒性肝炎等重大传染病防治部分课题工作。

在这个过程中，章文羿一直在力求创新突破。胸有乾坤的他不希望自己或者安必奇走别人走过的路。如今的安必奇已经凭借一流的生物工程专利技术和国际化科研团队，与多个国际知名药企合作开发项目，构筑了良好的合作关系，包括与国际十强制药企业Novartis、Pfizer、Roche、Merck等，还与Stanford、

Harvard、MIT 等国际顶级高校建立合作关系。而且，成功签下了多项国内外制药企业的研发订单，依托深厚的国际资源背景、经验丰富的留美科研人员和开发区技术服务平台，着力推动生物产品和化学产品的研发服务，目前安必奇正在开发中的新药项目达 10 多项，凭借在业界的技术优势和良好口碑，先后获得“北京市中小企业创新基金”“国家高新技术企业”和“技术先进型服务企业”等荣誉。

这期间，章文羿用自己的行动回答了当初很多人的疑问——为什么选择工业界而放弃学术界？除了此前关于“产品转化”的解读外，章文羿坚持认为，工业界更需要研究最新的理论、研读最全的文献。据统计，章文羿自创业以来钻研过的参考文献已经 1 万余篇，远远高于其攻读博士期间的所读。值得一体的是，痴迷研究的章文羿只要有时间就会钻进在实验室，参与到重大研发项目当中，由此才有了上述的种种荣誉。

助力本土企业　进军国际市场

作为“行内人”，章文羿凭借在生物医药领域摸爬滚打近20年的经验分析出，生物医药将是我国最先迈入世界先进水平门槛的行业。在美国生活创业的经历让他深谙该国生物医药企业的发展模式——当初创公司把药物推进到一期、二期的时候，就会适时转由颇具实力的成熟公司接手。如此一来，后期临床路径的打通，行业法规条文的解读以及最后的大规模量产等都不会成为困扰初创公司发展的问题。由此及彼，如今的安必奇也会参照这种“接力赛”的模式，集中研发源头创新的项目，并在合适的阶段与匹配的公司展开合作。

当前，生物医药领域的很多企业都知道安必奇，而安必奇也不负众望成为了注重生物医药领域具有较高技术壁垒、有临床需求和价值的创新药物产品开发，在抗体工程、免疫学、分子生物学和基因工程等领域实现新的突破的全球领先的以制药、生物技术开发等一系列全方位的实验室研发和研究生产为主的制药公司。其服务范围已经贯穿了从药物发现到实现生产的全过程，通过高性价比、高效率的研发服务帮助全球客户缩短药物研发周期、降低研发成本。对于安必奇的未来，章文羿踌躇满志。他曾坦言，安必奇要用实际行动回报社会，要用高效优质的服务为国家创造高效益，要为中国药企进入全球生物医药市场而尽力。

➢企业家感言

我是改革开放的同龄人。我从小生长在中关村，非常感谢党和国家给予了我最好的教育，并立志成为一个对社会有益的栋梁人才。我至今很感谢北大理科实验班对我们的严格训练。我们曾经每周都有40学时课程，而且学科要求强于同系其他同学。这种强化训练使我的知识体系，自学和专研能力得到很大提高。

我父母都是中科院的资深员工，因此我对中国的科研体系还比较了解。深刻认知到要想在生物技术工业领域有所作为，必须亲自下海游泳，而非只在岸上观望。

结合我多年生物技术领域经验，我个人认为生物技术制药行业核心是关键技术的知识产权IP和符合国际标准的研发（包括临床前和临床试验，以及生产）。生物技术领域的护城河效应非常明显，由于技术水平高和关键知识产权的保护。我认为我国生物技术制药领域最具弯道超车的潜力。中国要想产业升级，应该靠真正的高技术创新，做出有技术含量的产品，并符合国际的标准，才能出口到世界。我国生物制药产业必须和世界标准结合，才能有大市场，才能有大发展。生物技术领域的护城河效应非常明显，由于技术水平高和关键知识产权的保护。我认为我国生物技术制药领域最具弯道超车的潜力。

后 记

亦庄，是北京经济技术开发区崛起的地方！

作为北京市唯一同时享受国家级经济技术开发区和国家高新技术产业园区双重优惠政策的国家级经济技术开发区——北京经济技术开发区（简称：亦庄开发区，BDA），是中国优秀开发区发展的代表，它成功打造出若干高端产业集群，引领了首都实体经济的发展。这些高端产业集群背后集聚的，是包括企业家、科学家、科研人员在内的各式各样的创新创业人才。

北京经济技术开发区工委组织部是开发区人才的大管家！

北京经济技术开发区工委组织部不仅管干部，还管人才，尤其是高端产业人才。提起开发区的高端产业人才，在他们脸上透出的那种自豪感无法掩饰；提起亦庄的亦麒麟，他们会给你讲半天停不下来。于是，就有了我们这套丛书，就是用书的形式记录下这些人才，记录下这些人才的奋斗历程，记录下亦庄是靠着什么从一个辉煌走向另一个辉煌。书是承载人类文化的，把亦庄和人才写成书，亦庄以及亦庄人才的精神就变成了一种文化。

亦庄的高端产业人才是非常能干而特别的一群人！

在这个躁动忙碌的时代，处于瞬息万变的市场、身担拓展事业的压力，亦庄的这些高端产业人才们愿意抽出时间、静下心来，聊聊他们的得意与失意，分享他们的成功与喜悦，这是对我们采写者和出版者的最大支持。通过对他们的采访，我们不仅学到了很多的东西，而且感受到北京经济技术开发区承载的激情与梦想。正是因为这群找对了地方、做对了事的优秀人才，为亦庄以及自己的人生增添了无尽的色彩，亦庄才说：“因人而亦。”

记者是创业创新与时代的记录者！